LITTLE BOOK OF BIG IDEAS
小书大思想丛书

话说商业

作者 [英]约翰·利浦金斯基
译者 曹永毅 吴静 高萍

北京大学出版社
PEKING UNIVERSITY PRESS

著作权合同登记　图字:01-2009-7606
图书在版编目(CIP)数据

话说商业/[英]约翰·利浦金斯基著;曹永毅,吴静,高萍译.
—北京:北京大学出版社,2010.7
(未名·轻松阅读·小书大思想丛书)
ISBN 978-7-301-16587-4

Ⅰ.话… Ⅱ.①约…②曹…③吴…④高…
Ⅲ.商业史-世界　Ⅳ.F731

中国版本图书馆CIP数据核字(2010)第009156号

BUSINESS
by Dr John Lipczynski
Copyright © Elwin Street Limited 2007
144 Liverpool Road　London
London N1 1LA
United Kingdom
www.elwinstreet.com
本书中文简体版由北京大学出版社出版
Simplified Chinese edition © Peking University Press 2010

书　　　名	:话说商业
著作责任者	:[英]约翰·利浦金斯基 著　曹永毅 吴　静 高　萍译
责 任 编 辑	:杨书澜
封 面 设 计	:于文涛
标 准 书 号	:ISBN 978-7-301-16587-4/G·2802
出 版 发 行	:北京大学出版社
地　　　址	:北京市海淀区成府路205号　100871
网　　　址	:http://www.pup.cn
电　　　话	:邮购部 62752015　发行部 62750672
	编辑部 62750673　出版部 62754962
电 子 邮 箱	:yangshulan@yeah.net
印 　刷 　者	:北京汇林印务有限公司
经 　销 　者	:新华书店
	787毫米×1092毫米　32开本　4印张　80千字
	2010年7月第1版　2011年11月第2次印刷
定　　　价	:18.00元

未经许可,不得以任何方式复制或抄袭本书之部分或全部内容。
版权所有,侵权必究
举报电话:010-62752024　电子邮箱:fd@pup.pku.edu.cn

目 录

前　言 / 6

开拓者
雷·克洛克 / 8
托马斯·爱迪生 / 10
约翰·杰克普·亚史托 / 12
弗雷德里克·W.泰勒 / 14
弗兰克·伍尔沃斯 / 16
创　新 / 18
约翰·麦克阿瑟 / 20
查尔斯·巴贝奇 / 22
约书亚·威治伍德 / 24
理查德·阿克莱特 / 26
威廉·科克里尔 / 28

实业家

生产线 / 30
阿尔弗雷德·克虏伯 / 32
亨利·福特 / 34
安德鲁·卡内基 / 36
柯内留斯·范德比尔特 / 38
塞缪尔·卡纳德 / 40
股份有限公司 / 42

企业家
山姆·沃尔顿 / 44
理查德·布兰森 / 46
菲尼亚斯·泰勒·巴纳姆 / 48
沃尔特·迪斯尼 / 50
风　险 / 52
安妮塔·罗迪克 / 54
可可·香奈尔 / 56
玫琳凯·艾施 / 58
品　牌 / 60

金融天才
J.P.摩根 / 62
约翰·D.洛克菲勒 / 64
杰·古尔德 / 66
公司股票 / 68
梅耶·阿姆谢尔·罗斯柴尔德 / 70
沃伦·巴菲特 / 72
鲁伯特·默多克 / 74
兼并与收购 / 76

创业者

李健熙 / 78
盛田昭夫 / 80
杰克·韦尔奇 / 82
比尔·盖茨 / 84

杰夫·贝索斯／86
拉里·佩奇和谢尔盖·布林／88
垄　断／90

策略家
迈克尔·波特／92
加里·哈默尔／94
罗纳德·科斯／96

罗素·艾科夫／98
罗伯特·卡普兰／100
大前研一／102
跨国公司／104
大野耐一／106
赫伯特·西蒙／108

理论家
石川馨／110
彼得·德鲁克／112
艾尔弗雷德·钱德勒／114
盈利能力／116
苏曼特拉·戈沙尔／118
迈克尔·哈默／120
查尔斯·汉迪／122
汤姆·彼得斯／124
詹姆斯·G.马奇／126

前　言

在发达国家中,很少有人能在基础需求(如食物、衣服和住房)等方面做到完全自给自足。相反,我们大多数人依赖企业为我们提供日常用品及服务。我们每天都要做出决定,考虑买些什么或享受什么样的服务。我们因此与很多行业打交道,购买各色商品,享受有偿服务。我们早餐喝的咖啡、阅读的报纸、看的电视、上班乘坐的火车或汽车都是企业产品,而且是我们从众多参与竞争的同类产品中选出来的。

在发达国家,消费在人们心中不是简单的生存需要,而是生活水平的需要。生活水平以人们的追求为基础,追求催生需求。受利润驱动,企业非常愿意去满足人们的需求。社会需求造就企业,也就是说,是每个消费者造就了企业。而最成功的企业又会转而引导消费者的需求。

对企业家来说,从事经营须掌握以下几个主要技巧。首先,必须获得能进行生产和从事服务的资源所有权。这些资源主要包括劳动力、资本、场地和原材料。第二,确保产品销售之前,所占有的资源有足够的资金保障。这就意味着经营者在开办企业之前必须先筹备资金。资金可以是自己的,也可以从别人或机构那里筹借。第三,企业家要决定生产什么,生产多少,如何通过高效配置资源来达到生产目标。经营者必须不断权衡怎样更好地利用资源,如生产其他产品是否获利更高? 最后一点也是最重要的一点,企业必须预测未来市场供求关系的变化。这是决定经营者成败的关键。最成功的经营者是发明家,因为他们能发现并开发市场的潜力。这市场也许从未开发过或处于成长过程中。

入选本书的商业人物都是公认的创新者或开拓者。他们改变了世界商业的性质。他们的创新活动使其经营的领域比以前更明晰,更便于理解和利用市场条件,更有效地服务于社会。按这种标准选择,从某种程度上讲,自然有些主观,毫无疑问有人还会提出其他候选人。尽管如此,本书所选的50个人无疑可以列入对商业理论和实践做出过巨大贡献的杰出人才。

约翰·利浦金斯基

快餐之父

雷·克洛克

雷·克洛克:1902年生于美国伊利诺伊州的橡树园;1984年卒于美国加利福尼亚州的圣地亚哥。

重要贡献:创立了一种新型产业——快餐业。

20世纪50年代,雷·克洛克(Ray Kroc)意识到美国的饮食习惯正在经历一场革命性变化。人们越来越喜欢到外面吃饭,而不是一日三餐都在家里吃。但是传统饭店的礼节和规矩常常使人感到很拘束。麦当劳的简单菜谱、良好服务、便宜价格满足了这一新兴市场的需要。人们往往喜欢到麦当劳吃快餐,而不愿去饭店用餐。

克洛克50岁的时候还在干推销多功能奶昔搅拌器的工作。有一天他又收到了加利福尼亚州麦当劳兄弟汉堡包销售店的奶昔搅拌器订单。此前,这个店已经买了8台。这使他感到很好奇,决定亲自去看个究竟。1954年,克洛克来到加利福尼亚州麦当劳兄弟的汉堡包销售店,观察他们的经营情况。他发现饭店的环境很整洁,加工人员穿着白色工作服,制作汉堡包的速度很快,汉堡包的价格也很便宜。顾客就餐时间非常短,桌子上没有任何餐具。他还注意到饭店周围排队的人群。麦当劳兄弟的高效管理一改当时餐饮业不规范、管理差的形象。

凭着自己多年的推销经验,克洛克发现了在全国推广这一产业的巨大潜力。他随即从麦当劳兄弟那里获得特许经营权,1955年在芝加哥开办了分店,并获得了与加利福尼亚店同样的成功。一年后他又开了两个分店。到1960年,他在美国开办了200家同样的店。1961年,他花了270万美元买断了经营权,从此便可以自由发展了。

克洛克知道要让这些连锁店生意兴隆,必须引入更严格的标准和更高效的服务。产品、服务和环境的标准化才可能把这一行业推向全美国,并最终推向世界。他基本上引入了亨利·福特的高效装配线这种精细生产管理程序。所有产品都有严格规定。每个汉堡包的重量和体积,包括里面的洋葱和夹心都完全一样。随后,通过出售其管理模式的特许经营权,他能够建立自己的服务品牌。顾客意识到,在洛杉矶吃汉堡包与在纽约及其他任何地方吃汉堡包的感觉是完全一样的。克洛克认为,确保连锁店的拓展靠的是麦当劳管理系统的声誉,而不是个别店的质量或经营者的素质。

麦当劳的成功还可能得益于其特许经营权和强有力的广告宣传。克洛克选择经营者时非常小心,他往往会从推销员中选择,而不是从财会人员或者厨师里面选择。他认为推销员更善于和顾客搞好关系。麦当劳在当地和美国全国都投入重资进行广告宣传,广告进一步推动业务的发展。到了20世纪70年代,麦当劳在美国有2000家分店,销售额高达10亿美元。20世纪后30年里,麦当劳进入了100多个国外市场。

> 获取重大成功的两个最重要条件:第一,天时、地利;第二,动手干。
>
> ——雷·克洛克

改革家

托马斯·爱迪生

托马斯·爱迪生:1847年生于美国俄亥俄州的米兰小镇,1931年卒于美国新泽西州。
重要贡献:创立了连锁发明系统。

托马斯·爱迪生(Thomas Edison)认识到发明和创新对企业成功的重要性。他所从事的工作不一定就是为了发明,而是因为他的研究成果有市场。在60多年时间里,他获得了1000多项专利,其发明对人们的日常生活产生了重大影响。

爱迪生没有受过多少正规教育,但是由于他在家中受到了良好教育,而且天性好奇,所以从小就开始做一些科学实验。他16岁当电报报务员时,就注意到了电报的科学问题。20世纪20年代,爱迪生搬到波士顿,然后又到了美国新泽西州,专门从事发明工作。此后30年里,爱迪生有了大量发明,并且获得了很多专利。其中最著名的发明有炭精棒电话送话器、留声机、白炽灯泡、中央发电站、碱性蓄电池和电影。

1879年,爱迪生在新泽西的门罗园开办了第一个商业性实验室。他为这个"发明工厂"投入资金,进行大规模的研发工作,以便发明创造。开办这个工厂使他快速获得了源源不断的新技术,成为人所共知的"门罗园巫师"。1887年,爱迪生把实验室搬到西奥兰治一个更大的地方,进一步研发新产品,并对已有产品进行改造:1913年把圆筒式留声机改造成为圆盘式留声机,并发明

开拓者

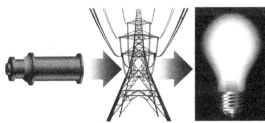

上图：爱迪生不仅发明了非常实用的产品，而且还以生产配套产品的办法巩固其发明物的市场。使用电灯需要电线、电网和发电站，这一切爱迪生都加以研发、生产和销售。

了有声电影。爱迪生在商业方面的表现说明他的确很有经营头脑。他不仅发明了很多新产品，而且还对这些产品进行生产和推广。他能快速把握商机。例如他意识到发电厂对其电灯泡的销售非常重要，于是筹建了中央发电厂。此外，发电厂需要的设备也是爱迪生工厂生产的产品。1882年，他在曼哈顿的商业区建了第一座发电站。

人们认为爱迪生是个无情的商人。他常常与竞争对手打专利方面的官司，或与其发生一些小小的争吵。例如，在发电问题上，他主张使用直流电，而其主要竞争对手乔治·威斯汀豪斯（George Westinghouse）则主张使用交流电。爱迪生认为交流电危险性比直流电大。为证明交流电的危险性，他甚至用交流电电死一头大象。

托马斯·爱迪生首先是个革新家，其次才是发明家。他审视了现有的观点，并设法有所创新，改革现状，希望以革新创效益，通过革新获取商业利益。他对自动收报机、电话、电报和灯泡都进行了改进，使其得以应用。从这个角度说，他首先是实业家，然后才是科学家。

外贸商

约翰·杰克普·亚史托

约翰·杰克普·亚史托：1763年生于德国华德福，1848年卒于美国纽约。
重要贡献：国际贸易开拓者。

约翰·杰克普·亚史托（John Jacob Astor）是美国率先从事多种经营的资本家之一。他在皮货经营方面获得了很大成功，在这方面也最出名。他能在任何潜在的竞争对手之前发现或开发国际贸易，一生积累了大量财富，在金融和房地产方面也非常成功。

亚史托生于德国，其家人在他年轻时就把他送到伦敦帮助哥哥做乐器生意。1784年他移民到美国，在纽约的一个毛皮商那里找到了工作。此后几年里他回到伦敦卖皮货，然后把乐器运回纽约，成为美国最早专门从事皮货、乐器生意的零售商。到18世纪末，亚史托除了做皮货生意外，开始投资银行、保险公司和房地产。他的生意还扩展到军火、羊毛和鸦片。

尽管亚史托从事多种经营，他最感兴趣的还是皮货。1808年，他成立了美国皮货公司，在密苏里河与哥伦比亚河流域建立贸易网点。亚史托决意要与当时的垄断公司，如加拿大的英国哈德森湾公司进行竞争，并大获成功。亚史托的办法就是与土著印第安人和英国人建立良好关系，使其同意与他进行贸易。亚史托的成功还归功

开拓者

于他能在政治上控制英美政界的重要人物。例如1812年战争期间,由于亚史托的很多贸易网点为英国人所夺取,他的皮货贸易一度中断,但在以后的五年中,在美国国会保护主义措施的帮助下,他又在北美五大湖地区建立了近乎垄断的地位。

亚史托经营的秘诀就在于发现不同地区和国家之间的相对优势。当一方生产某种产品或提供某种服务的成本低于另一方时,就有了相对优势,可以专门从事这项工作。但先决条件是有贸易来往。亚史托控制着很多行业,因此,他很容易发现自己控制的行业中哪些具备成本竞争优势,并利用这种优势。亚史托经营范围很广,通过贸易网点,他直接用日常用品和酒从印第安人那里换取毛皮,再用自己的船把毛皮出口到欧洲和中国,换回奢侈品,然后把这些奢侈品拿到纽约出售。

亚史托非常富有,甚至在政府筹集1812年战争资金时,为政府提供了贷款担保。1816年,他还参与了美国第二银行的创立。这些活动为他在政治舞台上进一步增强了实力。到19世纪30年代,亚史托离开皮货生意,开始把利润投入曼哈顿地区的房地产开发。他为慈善工作提供了各种基金。在临终前,他说如果能再活一次,他会把自己所有的钱都用来购买曼哈顿地区的房地产。他去世时财产高达2000万美元,是当时的美国首富。

> 如果能重新活一次,我将买下曼哈顿的每一寸土地。
> ——亚史托临终遗言

管理理论家

弗雷德里克·W.泰勒

弗雷德里克·W.泰勒：1856年生于美国宾夕法尼亚州的费城，1915年卒于美国宾夕法尼亚州的费城。

重要贡献：提出管理科学化、标准化以及提高工人工作效率的理念。

由于严重的眼疾，弗雷德里克·W.泰勒（Frederick Winslow Taylor）只好离开哈佛大学，到费城米德维尔钢铁公司工作。在这里他从工长、制图主管，一直做到研究室主任和总工程师。他在每个工作岗位上的目标都是研究如何高效率地完成工作任务。

泰勒根据自己工作的亲身体验，了解到大工业中的低效率状况和凭经验管理的弊端。他试图通过"科学管理方法"来提高工作效率。这种新方法的核心就是工作分配——把生产程序分解成更小的组成部分。泰勒研究并规定了每部分工作的时间和动作，然后把工作分给具体工人，每个工人都有特定的工作目标，在特定时间内完成特定工作。他认为奖罚制度是极其重要的激励因素，提出了培训工人使其达到规定目标的管理方法，给工人制定了工作量标准，设定了激励工人的奖罚制度。

科学管理法的障碍之一就是新移民的英语水平低、文化水平低。泰勒决定，教育程度低的工长和工人不得参与特定工作的最高效率研究工作。为了解决效率这一难题，他提出把计划与执行分开，设立计划部门，专门对某项工作进行分析、计算，规定切实可行的目标。通过科

开拓者

上图:泰勒对劳动效率的研究还涉及铲子的大小。通过仔细试验,他判断出每铲负荷多少才是效率最高的——如果每铲负荷太多,需要用的时间就过长;每铲负荷太少,需要铲的次数就过多。他甚至专门研究出一种铲子,这种铲子的每铲负荷与他确定的负载量完全一样。

学管理,他把米德维尔钢铁公司的生产效率整整提高了两倍。

泰勒的管理方法为他赢得了声誉和成功,其影响也随之扩大。不久他就在其他企业找到咨询工作。1901年,他在伯利恒钢铁公司进行了生产方法的主要成本分析,把500名工人缩减成140名,把材料成本从8美分降到了4美分,生产率因此提高了2倍。但是他的激进改革方法遭到中层管理人员和工会的反对。因为工头和管理人员认为这些研究人员和分析师把他们边缘化了,而组织起来的工人担心自己会失去工作。泰勒不得不离开这家公司,并从此永远离开工业研究。

在过去的100年间,泰勒的科学管理理论一直遭到非议。有人批评他对工人态度傲慢,说他的科学管理方式剥夺了个人做出其他贡献的机会,每个人只干分内活儿,致使每个工人都失去工作的动力。现代管理理论强调个体的全身心投入和团队精神。可是也有人说泰勒的科学管理理论被歪曲了。事实上,在他的理论中,工人的利益和管理者的利益都受到同等程度的重视。

革新零售商

弗兰克·伍尔沃斯

弗兰克·伍尔沃斯：1852年生于美国纽约，1919年卒于美国纽约。

重要贡献：创办了5-10美分连锁店。

尽管弗兰克·伍尔沃斯（Frank Woolworth）是在农场中长大的，但他一直向往在商业领域工作。1873年，他在纽约沃特镇的一家干货店找到了一份工作。后来商店经营不景气，便决定开展促销活动：一些柜台的货物都以5美分出售。伍尔沃斯的任务就是选择这种货物，并组织促销活动。此次促销活动大获全胜。

1878年，伍尔沃斯筹集了一笔贷款和货物，在纽约尤蒂卡的一条小街上开办了自己的商店，希望获得类似沃特镇促销活动的成功。所有的商品都定价5美分。一开始生意很兴隆，但很快买卖就清淡了起来。虽然他在这个商店挣的钱足以还清开店贷款，但为了在商场上立于不败之地，他决定搬到市中心，以赢得更多的顾客。1879年，他在宾夕法尼亚州兰开斯特城的中心开了一家店，并扩大了货物范围，其中有些货物定价10美分。5-10美分店从此诞生了。

5-10美分店大获成功。店里的商品都由伍尔沃斯亲自挑选，所以商店不仅商品质量高，橱窗和柜台摆设漂亮诱人，而且品种繁多，价格低廉。顾客还可以在付款前到柜台后面挑选商品。传统商店通常是把商品摆在柜台后面的货架上,由营业员为顾客拿商品,所以伍尔沃斯的商店是零售业的一次革命,特别受新移民的欢迎。新移民收入少,英语差,对传统商店的销售方式有些发憷。

伍尔沃斯决定再开办一些这样的商店。他邀请合作经理人进行投资。合伙人只要投入开店所需资金的一半即可。商店开张赢利后,合伙人便可获取一半利润作为投资回报。随着这种商店模式的成功,前来投资合作的人日益增多。伍尔沃斯还与竞争对手建立合作关系,联手从批发商那里获得更多的折扣。对于某些商品,如糖果,他就避开批发商,直接从生产商那里拿货。他的竞争对手——伍尔沃斯的所谓"同行朋友"——也因伍尔沃斯的进货技巧而获利,尤其在对付欧洲供货商方面,他特别善于砍价。到1912年,伍尔沃斯在与其对手的竞争中脱颖而出。他的公司积累了6500万美元资金。到1919年他去世时,美国各地有1000家商店都打出了伍尔沃斯的招牌,店门贴上了人们熟悉的红色伍尔沃斯商标。

> **供货链:**商品生产销售的过程。理论上讲,供货链越短,即原材料与终端消费者之间的环节越少,这个过程的效益就会越高。实际上,供货链中的额外环节,如批发,能够从批量运输和仓储这两个环节节约成本,创造利润。

1914年,第一次世界大战爆发。欧洲发往美国的货物受到严格限制。伍尔沃斯决定根据他在欧洲看到的规模生产程序来发展国内有潜力的低价商品生产。他的这一举措对美国的商业发展产生了极大影响。从此美国许多商品都开始了大规模生产。

创　新

技术创新可以定义为引入质量更好的产品或生产方法,淘汰现有的产品或生产程序。创新能给公司带来很大优势,会影响产量、质量、用工、工资和效益。创新还是经济增长和提高社会福利的主要动力。

创新在研发方面起着重要作用,而且可以分为几个不同阶段。第一个阶段是基础研究,可以看做是"发明"活动。第二阶段是研发工作,严格来说是"创新"活动。最后阶段是在公司、行业或经济中推广这种新理念。

对创新的投入决策是带有战略性的,不是为了短期效益最大化。有些战略性问题会影响这种投资。

进攻性战略是通过引入新技术使公司在市场中占有垄断地位。公司内部的工作重点就是进行创新,并把创新成果及其副产品通过专利加以保护。公司在主要设备上和人力技术上投入重资。20世纪以这种方式进行的创新活动包括:杜邦公司1928年发明并生产了尼龙,1959年发明并生产了莱卡——一种人造弹力纤维;1929年法本公司发明并生产了PVC(聚氯乙烯,用于服装、管材、地板铺料等塑料制品);1954年美国广播唱片公司推出彩电。公司也许愿意在基础研究(虽然不是最基础的研究)上投资。为了在与对手或潜在对手的竞争中保持优势,公司必须进行实验性的研发工作,需要具备设计、修建、试验样品和小批量产品的能力。

防御性战略是公司采取被动的战略。这种战略是为了跟上竞争对手在产品质量和技术改造方面的变化。如果不采取相应的对策,公司在市场上的份额就会大大缩水,因为对手的生产成本低,可以提供物美价廉的产品。采取防御性战略的公司可能缺乏采取进攻性战略所需要的大量技术资源,或不喜欢冒险,只喜欢投资于成熟的产品或生产技术。防御性战略可能会采取措施对现有产品进行小规模改造,这种改造是在专利允许的范围内进行的。

模仿战略允许公司通过获得短期许可或长期免费利用相关知识来模仿对手的产品。模仿战略要获利,公司必须有可以利用的优势,如廉价劳动力或受保护的市场。例如杜邦公司1960年退出人造丝市场的主要原因就是无法与成本低廉的公司进行竞争,另外,当时与其替代产品奥纶、涤纶和尼龙的竞争也日趋激烈。

最后是依附战略。采取这种战略的公司往往面临强大对手,靠充当供货商或分包商之类的角色处于从属地位。他们采用所依附公司的技术,并常常需要技术援助或输入技术工人。这种关系在日本的电子行业和汽车行业中很常见。

羊毛商人

约翰·麦克阿瑟

约翰·麦克阿瑟:1766年生于英国的普利茅斯,1834年卒于澳大利亚新南威尔士的卡姆登庄园。

重要贡献:把澳大利亚的羊毛推向世界市场。

目前,澳大利亚是世界上最大的产羊国,年产量占世界总量的1/4,商品价值达25亿美元。美利奴羊毛被认为是最优质的羊毛。这大都归功于约翰·麦克阿瑟和伊丽莎白·麦克阿瑟。

约翰·麦克阿瑟(John MacArthur)15岁参加英国军队。他与伊丽莎白结婚后,于1789年被派往悉尼的新南威尔士保安团任职,后被任命为新殖民地军需官。1793年,他获得40公顷土地,因为土地经营得好(尽管用的是犯人劳力),又获得土地。几年后他从南美洲买来美利奴羊。

在此之前,美利奴羊已经引入澳大利亚,并因羊毛又厚又细而出名,但因与当地的羊杂交,所产羊毛的质量不如纯种美利奴羊。麦克阿瑟决定不让他的羊与当地的羊杂交。到1803年,他把几乎是纯种的美利奴羊群扩大到4000只。为了保持并优化其羊群质量,他又进口了一批纯种美利奴羊。这些工作大都由伊丽莎白·麦克阿瑟完成,因为她丈夫常常与政府官员发生摩擦,两次被遣送回国:一次是因为决斗受审,另一次是因为卷入反对政府的

开拓者

活动。但是他利用回国的机会购买了南威尔士的大片土地,并在欧洲各国推销其羊毛。

麦克阿瑟意识到澳大利亚羊毛行业的巨大潜力。当时,这个行业因为羊毛的质量问题还没有得到快速发展。麦克阿瑟通过大幅度提高羊毛质量和在目标市场的大力推销,创立了可以说是第一个国际品牌。

羊毛对澳大利亚来说是一种极好的出口产品,非常适合海运到欧洲,因为相对于重量来说,羊毛轻但很值钱,而且易保存。羊毛出口对促进澳大利亚的经济发展起到了极其重要的作用。此外,19世纪的拿破仑战争使传统羊毛出口国西班牙和英国的羊毛出口量大幅度减少。其结果是对澳大利亚高质量羊毛的需求大幅度增加,且价格也随之提高。向英国出口羊毛使麦克阿瑟暴富。

> **特许公司**:获得政府特许而成立的公司,经政府特殊授权开发某地或某种资源,常受某种条件约束。这种公司往往是由殖民政府组建,获特许开发某个新殖民地或当地资源,但是开发方式由公司自己控制。

1817年麦克阿瑟回到澳大利亚后,继续发展农场,兼营红酒制作,还入股澳大利亚银行。他喜欢做的另一件事就是建立特许公司组织羊毛的生产。1824年,他在伦敦组建了澳大利亚农业公司,投入100万英镑和100万英亩土地,目标就是在新南威尔士饲养产优质羊毛的羊。同年,该公司又参与煤矿开采,并利用附近港口纽卡斯尔港的设备从事进出口贸易。该公司现在还在经营。

计算机之父

查尔斯·巴贝奇

查尔斯·巴贝奇:1791年生于英国德文郡的廷茅斯,1871年卒于英国伦敦。

重要贡献:可编程计算机的发明者;早期生产经济学理论家。

查尔斯·巴贝奇(Charles Babbage)在计算机研究方面做出了杰出贡献,被认为是计算机之父。由于缺乏资金,他的计算机研制工作未能得以完成。然而,他根据自己在生产方面的经验,创立了生产效率理论。该理论影响了几代经济学家和商业分析者。

数学用表如对数表计算的错误比率总是很高,巴贝奇始终为此大伤脑筋。他获得了剑桥大学的卢卡斯数学教授荣誉后就绞尽脑汁想要发明一台机器。这台机器不仅能够减轻计算负担,而且还能消灭计算错误。1820年,巴贝奇发明了一种机械计算器。项目初期,他向政府描述了该项目的发展前景,论证其项目的可行性,这使他获得了政府资助,但随着设计和制作出现的问题越来越多,政府逐渐撤资。巴贝奇并未因此灰心沮丧。他又开始一个更大胆的计划——制作分析机(电子计算机前身)。由于英国维多利亚时代的机械制造能力还无法胜任这项工作,这个大胆的计划再次遭遇失败。

巴贝奇没有精细的工程技术,无法制造他那两台计算机,于是就在家中制造了冶炼炉,与工匠一起设计了新的车床,发明了螺纹标准系统。这两项工作大大推进了

开拓者

英国机床工业的发展。巴贝奇还撰写了人寿保险方面的论著,发明了信号灯塔(即现在航海用的灯塔)和解码方法,提出了铁路轨距标准,甚至发明了火车排障器,该排障器安装在火车头前面,用以推开障碍物。

出于对机器制造业和工厂系统的兴趣,巴贝奇于1832年撰写了《机器和制造业的经济》。他在书中写道:劳动分工——在具体工作中每个工人专门负责一个工种或工序能降低生产成本。与其用高薪雇佣多面手从事许多不同的工作,还不如对工人进行分工,让他们掌握一门专门的技术,以此降低每个工人在单项工作中必须掌握的技术难度,这样也会减少平均工资。巴贝奇率先探讨机器连续作业所带来的规模效益问题。另外,他还注意到公司比从业个体更有能力承担固定成本的压力,更容易激发创新活动。在他看来,劳动分工是企业创新的先决条

> **外生变量:** 是指在经济机制中受外部因素影响、而非由经济体系内部因素所决定的变量。与之相对的是内生变量。内生变量是由机制内部因素引起的。革新的速度是市场机制的内生变量——它既影响市场机制,又受市场因素的影响。

件。个人再聪明也不可能样样精、事事通,也不可能具备所有必要的技能独自设计并开发新产品。实际上,工作团队或集体最容易促进技术革新。巴贝奇还注意到革新并不是外生变量导致的,而是市场需求的内在原因和相对价格因素促成的。这种分析问题的方法十分现代。

巴贝奇的著作和观点极大地影响了约翰·斯图亚特·米尔(John Stuart Miller)和卡尔·马克思(Karl Marx)。马克思主义者对"工人捣毁机器斗争"的分析主要源于巴贝奇著作中的研究成果。

陶艺大师

约书亚·威治伍德

约书亚·威治伍德: 1730年生于英国伯斯勒姆,1795年卒于英国伯斯勒姆。
重要贡献: 陶艺家,勇于创新,善于经营,精通成本核算。

约书亚·威治伍德(Josiah Wedgwood)是陶瓷生产工业化的创始人。他一生都致力于陶瓷的研发和设计,为当时需求旺盛的市场提供了瓷器和陶器。威治伍德促成了英国第一座陶瓷工厂的建立。他不仅在陶艺创新方面成绩卓著,在市场营销方面也很有天赋。

威治伍德出生于一个从事陶瓷制作的家庭,很小就掌握了陶瓷制作工艺。但是14岁时,他不幸染上天花,伤及膝盖,落下终身伤残,再也无法用脚操作制作陶器的陶轮。威治伍德没有灰心丧气,他把注意力转向研发新陶器上,并专注于在陶器上设计、绘制图案的技艺。

威治伍德第一次成功是研制了一种米白色瓷器。他把这批瓷器送给了夏洛特皇后,并征得皇后同意,把这个系列产品命名为"皇后陶瓷"。威治伍德的高明之举在于把自己称之为"女皇的陶艺家"。这是早期广告宣传的案例。结果他的产品销售量急剧增长。其他他开发的新产品还包括黑玄武瓷和碧玉细炻器。碧玉细炻器获得了巨大成功,这种瓷器典型的蓝白花色现在仍很盛行。

除了在技术和设计方面的成就外,威治伍德还擅长把自己的产品销售到日趋富裕的英国和国际市场上。他在富豪云集的伦敦开办了一个品种齐全的展示厅。他印制了产品目录和订货单;雇佣推销员向顾客宣传,让他们意识到高品质的瓷器是社会地位的象征。最重要的是他把自己的名字作为品牌推出来,在所有瓷器上都印上威治伍德的名字,标明出处,这样做也提供了质量保证。

以自己的名字作为品牌最重要的一点就是要确保产品的最高水平,以维护品牌的声誉。据说他到车间查看,如果发现不合格的瓷器,当场就用拐杖敲碎,并喊道:"约书亚·威治伍德不能容忍这种产品。"这是通过质量控制保护品牌的早期案例。这种品牌产品所蕴含的价值早已超过其简单的使用价值。威治伍德牌餐具成了社会身份的标志,对于新发展起来的中产阶级尤为重要。

18世纪70年代初发生了经济危机,高品质商品的需求出现下降趋势,库存增加,商家不得不削价销售。威治伍德面临危机。他立刻采取措施控制企业的经营成本。他把当时的人工和材料成本都记了账,对所有管理费用进行了准确计算。他发现有些产品成本比其他产品高,于是尽可能地提高该产品价格,计算规模生产的成本后,便通过扩大产量来减少生产的单位成本。最重要的是,他根据需求进行定价。通过一系列改革,他的企业度过了危机,而他的很多竞争对手却在危机中倒下了。

> 时尚在很多方面都远远比价值更重要。
> ——1779年给托马斯·本特利的信

创新者和工业家

理查德·阿克莱特

理查德·阿克莱特：1732年生于英国普雷斯顿，1792年卒于英国诺丁汉。

重要贡献：现代工业体系的开创者。

理查德·阿克莱特（Richard Arkwright）具有慧眼识珠之才，他能看出别人发明中的潜在价值，因而把他称作创新者比发明家更合适。理查德改进了纺纱机，不仅提高了纺纱的速度，还提高了纱线的质量。此外，他还把大规模的生产活动集中在一起，创建了现代工业体系的雏形。

理查德·阿克莱特从假发生意做起，假发不流行后，他将目光转向纺织业——尤其是高效纺纱的难题。传统纺纱用的是家庭作坊式的脚踏纺纱车。这种纺纱法速度慢，跟不上编织工和织布工的速度。虽然詹姆斯·哈格里夫斯（James Hargreaves）早在1764年就发明了多轴纺纱机，并应用于大规模生产，但这种纺纱机要求熟练工操作，而且性能不稳定。

1768年，理查德·阿克莱特遇到钟表匠约翰·凯（John Kay），两人合作制造了最初由马力牵引的纺纱机，称作马力纺纱机。后经改进，水力牵引代替了马力牵引，所以纺纱机又多被称为水力纺纱机。这种纺纱机纺出的纱线不仅更结实美观，其操作也简单易学，廉价的非熟练工（主要由儿童和青少年组成）即可胜任。

1771年，第一个水力纺纱厂在德比郡的克罗姆福德建成。根据当时的生产规模，这个磨坊需要雇佣几百名

实业家

上图：阿克莱特先后用马力和水力牵引珍妮纺纱机的纺锤。这种操作方法使工酬远比成年人低廉的儿童也可胜任工作。

工人。工厂鼎盛时期，克罗姆福德的工人数量高达1900名。工业体系就此开始形成。为吸引大批工人，阿克莱特在磨坊周围建造了很多住房，很快形成了社区。他进一步改进了纺织的工艺流程，主要是纺纱后的工序，比如梳理和清洁工序。阿克莱特的另一项发明是利用蒸汽动力抽水。克罗姆福德磨坊获得了巨大的经济效益，在一段时间内，由这种工艺生产的纺织品成为英国的主要出口产品。

在创新技术受到专利保护的情况下，阿克莱特在全国各地建立了纺纱厂，同样取得成功。但后来法院发现他抄袭了其他发明家的一些想法，因而取消了他的部分专利权，但那时工艺流程已经发展得相当完善。1768年阿克莱特被授予爵位。到他去世的时候，他的个人资产估计已达50万英镑，在那个时代，这是一笔相当大的财富。

阿克莱特不仅采用新技术，还将其大规模地运用于工厂内不同的工艺流程，因而成为现代工业体系的开创者。这种新技术的大规模应用是工业革命的显著特点，为许多工业国家乃至世界各国纷纷效仿。

欧洲工业革命之父

威廉·科克里尔

威廉·科克里尔:1759年生于英国兰开夏,1832年卒于德国亚琛。
重要贡献:把英国纺织技术引进到欧洲。

威廉·科克里尔(William Cockerill)早年是一名制造纺织机器——多轴纺纱机、飞梭和织布机的机械师。1799年,他移民到比利时的韦尔维耶,成为当地纺织机械设备的主要制造商。通过引进英国技术信息,科克里尔拉开了比利时和法国工业革命的序幕。

1794年,科克里尔在俄国的圣彼得堡为沙皇叶卡捷琳娜二世(Catherine II)效力,开始了他在欧洲的发展之路。但由于未能履行合同,他被投入监狱,后来成功逃脱,并于1799年来到比利时,在韦尔维耶定居。韦尔维耶是比利时成熟的纺织业中心,科克里尔在那里开设工厂,采用纵向一体化的运营模式,制造生产原料的机器——纺织机和梳理机,以及生产这些机器的炼铁设备。科克里尔大获成功,他的机器甚至出口到欧洲其他各国。1807年,他在列日开设了一家纺织工厂。

1817年,威廉·科克里尔把日常工作交给儿子约翰管理,自己则监管位于列日西南方塞拉莫地区的欧洲最大铸造厂的设备使用和发展情况。随着铸铁的大量生

实业家

产,科克里尔家族开辟了新的出口市场,主要是铁路、军火和桥梁建筑市场。由于主要销售市场转移到欧洲,科克里尔家族工厂的生产和销售规模都比比利时当地工厂大得多。塞拉莫地区生产的机器平均是 145 马力,而以当地为主要销售市场的工厂生产的机器马力要小很多,平均只有 20 马力。塞拉莫地区工厂凭借机器优势降低了平均生产成本,换句话说,取得了生产的规模经济效益。

科克里尔对于法国和低地国家经济的影响意义深远。科克里尔没有引进英国设备,却成功地引进了先进技术(当时英国为确保其竞争优势,严格控制向欧洲出口纺织机器),并在当地生产纺织机器。他建立工厂,向欧洲大陆出口产品,从而使英国生产技术信息得以传播,这一战略也被其他产业效仿。

工业革命在英国经历了经济和社会动荡,但在比利时和法国北部却得以迅速平稳地发展。因此,欧洲经济发展的有利因素不仅包括更为廉价的生产成本——主要是城市新生无产者微薄的平均工资,还有经过检验可以直接应用于生产的正确技术。

> 科克里尔在比利时开设工厂,生产先进的机械设备,使工业革命在这一地区没有经历波折而迅速平稳地发展。
>
> ——F. 克鲁赛特

生产线

　　生产线是一种按顺序完成生产流程作业,把原材料转化为成品的生产方式。每一个工序都对产品进一步加工,增加一定附加值,直到产品可以向市场出售为止。生产线操作效率取决于现有的技术水平和统一协调的能力。

　　生产线,从根本上讲,就是按照一定的顺序把原材料加工成成品的简单过程。大多数情况下,一名工人即可完成所有必要工序,但通过科学组织,把工人分配到不同工作组,每组只负责所有工序中的一道工序,可节约生产成本。

　　历史上有很多用生产线方式制造的先例,比如古埃及的马车制造、古中国的弓箭制造以及 16 世纪威尼斯的船只建造。这些生产线的应用大多是为满足政府装备军队的需求。与此不同的是,我们今天所称的生产线是为满足 19 世纪不断增长的城市产业工人消费需求的产物。随着蒸汽动力、新机器的发明使用,高效交通网络的建成以及现代工业体系的形成,生产线诞生了。这种现代生产方式的依据在于产品可以分解为相互关联的部件,这些部件可以通过精确的技术绘图加以复制。这样,工人就可以生产他们从没做过或见过的部件。

　　这种生产方式变革的意义在于生产不再依赖个人力量或技术。这意味着非传统劳动力(大多是妇女和儿童)也加入了劳动大军,并对生产力产生积极作用。随着机床工业技术的发展,标准和可互换零件(即一模一样的零件)的生产成为可能。由此,生产线发展成"装配线",最终演变为底特律亨利·福特(Henry Ford)采用的"自动"流水线。

流动生产线的经济效益在于用流水线把工作带给工人,因此可以最大限度地利用工人的时间。比如手工业生产,工人需花大量时间寻找零件和工具,还要在机器间来回走动。而在流水线上,一名工人可以用手边的同一件工具做同样的部件,重复几乎是一模一样的操作。而且,由于大部分工作是由机器完成,减少了人为失误,产品质量更可靠。

生产线也有劣势,其生产的标准化产品无法满足市场对更加多样化产品的需求。因此,流行时尚产品不适于采用这种生产方式。另一个缺点是,生产线上的劳动者因讨厌工作的平均化和由此带来的个人技术退化而丧失工作热情,缺乏干劲。在过去的30年里,工业已经由传统的流水作业转向更新的生产方式——"全面质量管理"、"库存控制的实时管理"和"无领导工作组管理"。

大炮之王

阿尔弗雷德·克虏伯

阿尔弗雷德·克虏伯:1812年出生于德国埃森,1887年卒于德国埃森。

重要贡献:实现了铸铁的全面应用。

阿尔弗雷德·克虏伯(Alfred Krupp)继承父业,接管了钢铁制造的家族产业,并将其发展壮大到前所未有的规模。他投资新技术的开发利用,尤其是著名的新贝塞麦转炉炼钢法,并以纵向一体化的运营方式进入了德国和法国的煤矿开采业。他的产业还包括铁路车辆制造以及为外国政府制造军火装备。

阿尔弗雷德·克虏伯14岁时父亲去世,不得不辍学协助经营位于德国埃森的一家小型钢铁冶炼厂。这家工厂生产铸铁和工具等。在接下来的15年中,克虏伯与工人一同工作,艰难维持着工厂的运营。晚上他继续父亲的研究,完善钢铁铸造工艺。1848年他成为企业的唯一老板,那时雇佣的工人刚刚过100人。

克虏伯多年来致力于钢铁产品的改进,最终取得成果。1847年,他制造出前装式铸铁枪,而以前都是钢枪。1851年,他在英国伦敦世博会展出了重达2吨且完美无缺的铸锭。这一展出使克虏伯在埃森的工厂一时闻名于世。

克虏伯的工厂专门生产用于铁路车辆——尤其是无

实业家

缝焊接车轮——制造的高质量铸铁。19世纪50年代末,他的生产扩大到钢炮制造。钢炮很快成为其主要产品,一部分原因是市场对非军需品需求的下降,另一部分原因是19世纪末欧洲政治局势紧张,政府给予军需品大量补贴。克虏伯去世时,军需品的生产,尤其是大炮的生产占到克虏伯企业生产总值的50%,克虏伯因此得名"大炮之王"。

为保证原料稳定持续供应,克虏伯采用纵向一体化战略,将钢铁生产与煤炭、制铁产业联合经营。同时,他不断更新产业技术,追求钢铁制品的低成本、高质量。他在管理员工方面也卓有成效。他为工人建造了特别"居住地",提供教育和公共设施,甚至建立了福利和养老制度。虽然今天看来他的管理方法家长作风严重(比如禁止工人参与政治),他却成功地获得了工人的高度忠诚。到19世纪80年代,他的企业职工达到2万人。

克虏伯为确保企业在其身后长盛不衰,确立了两个原则:一是利润要投入再生产,二是公司只能由一位继承者管理。这也是克虏伯的成功之处。

> 我们与员工始终彼此忠诚。我们关心员工福利,制定公正的制度,并且一视同仁。我们的员工则以努力工作、忠诚奉献来回报企业……这就是为什么我们所有的企业都能兴旺发达。
> ——阿尔弗雷德·克虏伯

流水线之父

亨利·福特

亨利·福特：1863年生于美国密执安州的底特律，1947年卒于美国密执安州的迪尔伯恩。

重要贡献：将流水线应用于大规模生产。

亨利·福特（Henry Ford）将19世纪的生产发展为我们今天所看到的高效大规模生产。他不仅改革了生产过程，也改变了美国社会：面向大众的汽车生产促进了人口流动，加快了城市发展，促成了郊区中心和高速公路体系的建立。

福特曾长期学习机械工程，后进入汽车业，最终成为一家跑车企业的老板。他相对成功的汽车设计吸引了一些投资者。1903年，福特汽车公司改制为股份有限公司。不久公司内部产生分歧，大部分投资者对生产高品质、高价位的汽车感兴趣，而福特主张大规模生产低价位汽车。1908年，在成功买断其他股东的股权后，福特生产了定价为850美元的"T型"车，这个价格多数人买得起。一段时间后，"T型"车价降至280美元。在以后的20年中，福特在全美累计销售了1500多万辆"T型"车。

汽车价格的下降源于单位成本的大大降低。福特汽车公司改革之前，汽车生产的流程是：一组工人在同一地点完成从车顶到车底的整部汽车的全部制造过程。福特公司把汽车的生产过程分解为若干具体任务——"T型"车被分解为84项任务——一名工人只完成一项任务。

实业家

上图：在福特公司的生产线上，工人固定在一个生产岗位，汽车从一个生产岗位运送到另一个生产岗位。福特公司把生产过程分解为若干具体的工作任务，并实行专人专岗，一方面可以雇佣技术水平低的工人，一方面提高了生产率。

一项任务完成后，另一项任务立即展开，中间不浪费任何时间。

汽车在输送带上传送，流水线带来了下一项工作。一项生产环节完成后紧接另一项，环环相扣。1914年，福特公司能在93分钟之内生产出一辆汽车，比传统生产方式快8倍，每24秒就有一辆新车出厂。

福特公司采用纵向一体化的经营策略，包括购买铁路、煤炭厂、铁矿厂、锯木厂、玻璃厂、橡胶种植园，并授予交易商特许经销权，进一步提高了生产效率。

早期大规模生产的主要弊端在于工人干劲不足。1914年以前，劳工流失率约为50%。汽车行业的薪水为每小时2.5美元，但为留住工人，提高其工作积极性，福特公司将工人薪水翻了一番，提高到每小时5美元。福特意识到他的工人也是他潜在的顾客，工人有好收入可以促进汽车产品的需求。这种策略后来被称之为"福特主义"。

钢铁大王

安德鲁·卡内基

安德鲁·卡内基：1835年生于苏格兰丹夫林，1919年卒于美国马萨诸塞州连诺克斯岛。

重要贡献：发展壮大了美国钢铁业。

安德鲁·卡内基（Andrew Carnegie）的事业始于制铁业。他被贝塞麦转炉炼钢法（首次把生铁炼成钢的较经济的生产方式）的潜力所吸引，决定在匹兹堡投资建立钢铁厂。卡内基意识到重工业的前途在于钢铁的使用。因为钢铁企业的巨大成功，卡内基成为美国最富有的人之一。

为摆脱贫穷，卡内基一家于1848年从苏格兰移民到匹兹堡。1853年，年轻的安德鲁受聘于宾夕法尼亚的铁路公司。美国内战（1861—1865）期间，他从事军事运输业。卡内基看到战争带来铁需求的增长，便从铁路公司辞职，投资铁桥建设的生意。连续三年，他每年能赚5万美元。卡内基还收购了高炉厂、制铁厂、油田和机车厂，并做了铁路证券经纪人。

在一次去英国的旅途中，他遇到了亨利·贝塞麦（Henry Bessemer）。贝塞麦是钢铁转炉生产方式的发明人，享有盛誉。贝塞麦使卡内基确信工业的未来，如建筑、铁路、造船和军火制造的未来，都在于钢铁。1874年，卡内基与合伙人在匹兹堡建造了贝塞麦工厂。卡内基一向敏于采用节约成本的发明，到19世纪90年代时，他的工厂已经采用了效率更高的平炉炼钢法。他进一步发展纵向一

实业家

右图:纵向一体化是指公司拥有原料供应商和客户的程度。卡内基公司是较早采用纵向一体化运营的企业:一家集炼钢厂、提供原料的矿石厂和使用钢铁成品的机车厂为一体的公司。

体化的经营策略,为保证原材料的供应购买了焦炭煤田和铁矿山,为保证原材料和成品的运输购买了轮船和铁路。1889年,卡内基将企业资产整合到卡内基钢铁公司。

卡内基钢铁公司发展迅速,经济效益很好。1889年至1899年10年间,钢铁产量从30万吨增长到260万吨。但是卡内基与负责企业管理的合伙人亨利·弗里克(Henry Frick)之间潜伏着矛盾。1899年,卡内基以1500万美元的价格买断他的股权。1901年,弗里克与银行家J. P. 摩根(J. P. Mogan)以5亿美元的价格收购了卡内基公司,更名为美国钢铁公司,资产估值为14亿美元,成为世界最大公司之一。

1901年后,卡内基开始以积累财富的热情捐献财富。他捐款建设公共图书馆、大学和医院,资助科学研究。据估计,卡内基去世前捐款已达3.5亿美元。

精明的竞争者

柯内留斯·范德比尔特

柯内留斯·范德比尔特：1794年出生于美国纽约，1877年卒于美国纽约。

重要贡献：开创了低成本、高质量的运输业。

柯内留斯·范德比尔特（Cornelius Vanderbilt）从小本生意做起，开始仅靠一条船在纽约港做轮渡生意，后来发展到汽船轮渡生意。他在哈德逊河和东海岸的营运服务因质优价廉而声名远扬。柯内留斯在事业的第二个阶段收购了多家铁路公司，继而垄断了美国东北地区的铁路市场。

范德比尔特早在16岁时就在纽约的斯坦顿岛和曼哈顿之间做轮渡生意。1812年战争期间，范德比尔特与政府签订合同，修筑纽约周边防御工事，从中获利丰厚。范德比尔特把这笔钱投资到船运业，成为哈德逊河上一艘轮渡汽船的船主。他采用削价竞争的策略，同行收费4美元，他只收1美元并提供更好更舒适的服务，从而把竞争者挤出行业。这一经营策略他后来也一再使用。被激怒的竞争对手把范德比尔特的老板告上法庭，虽然原告有合法的专营服务权，但法院裁定原告败诉，范德比尔特在哈德逊河船运服务的垄断地位没有因此动摇。1829年，范德比尔特自立门户，并再次通过大幅削价的策略挤垮对手，大获成功。19世纪40年代，范德比尔特拥有的船只已超过100艘，个人资产约50万美元。

实业家

1849年,范德比尔特看到加利福尼亚淘金热潮带来的商机,在美国中部开辟了更快更便宜的航线。很快,他又建造了3艘轮船,在北大西洋上与卡纳德(Cunard)和柯林斯(Collins)的航线展开竞争,但业绩欠佳。范德比尔特仍然采用了削价竞争手段吸引大量客户,不过生意只勉强不亏。1861年,他出售了北大西洋的生意。

范德比尔特将事业重心转移到铁路公司。他先从纽约和哈莱姆铁路公司入手,通过一系列收购兼并,获利丰厚。他的成功一部分源于乘客人数的增加,一部分则归功于他对基础设施的持续投入——在最繁忙的铁路线上引进钢轨,如可以使客车与货车分轨运行的四车轨道。

范德比尔特工作勤奋,花钱精打细算。但他并不乐善好施,临死前把他全部家产都留给了一个儿子威廉,另外两个儿子则分文未得。

范德比尔特头脑机敏,善于快速处理生意上的细节问题,并做出英明决策。他所采取的质优价廉的服务策略尤其令人称道。总的来说,范德比尔特的成功归于两点:一是垄断者受国家垄断行业和专营协议保护,将运输业的原价人为抬高;二是他在没有垄断保护的区域极力压低价格,甚至以短期亏损为代价挤垮竞争对手。范德比尔特凭借低价却绝不低质的服务逐渐使竞争者失去立足之地。

> 对于赚钱,我一辈子都如痴如狂。
> ——柯内留斯·范德比尔特

野心勃勃的竞争者

塞缪尔·卡纳德

塞缪尔·卡纳德：1787年生于加拿大新斯科舍省哈利法克斯，1865年卒于英国伦敦。

重要贡献：世界最著名海运线——卡纳德航线的缔造者。

卡纳德（Samuel Cunard）的父亲是一位木材经销商。卡纳德参与了家族企业，并见证了企业向金融业、板材加工业、造船业和航运业扩张的过程。卡纳德对航运业充满兴趣，他在政府招标北大西洋邮轮航运时竞标成功。1840年，他靠四艘轮船建立了英国与北美间的固定航线，并很快因其快速可靠的服务而享有盛誉。

卡纳德因为没有受过正规教育而缺少从事其他行业的机会，于是很自然干起了商业。早年跟父亲做木材生意的经历使他了解了关于商业和金融的基本知识以及如何经商盈利。当时，在加拿大新斯科舍的哈利法克斯，商机大多都在航运贸易，像卡纳德这样野心勃勃的年轻商人自然对航运生意充满兴趣。于是，他克服重重困难签得殖民政府的合同，赢得了从哈利法克斯到波士顿和西印度群岛之间运输邮件的生意，从而赚取了大笔财富。

长久以来海军部一直认为帆船邮运不可靠，按规定只考虑轮船邮运。航运业内一致认为中标者必属英国西航运公司无疑，因为它已经在北大西洋取得航运垄断地位。英国西部航运公司也确信其他竞争者无力与其竞标，所以为了生产比招标书规定的更多船只而要求推迟航运日期。与此同时，卡纳德作为加拿大最早投资轮船

实业家

上图:卡纳德航运公司最早的四艘浆轮汽船,包括"SS皇家威廉号"——第一艘完全靠汽轮机横渡大西洋的船只——虽然耗时14天,比顺风行驶的帆船快不了多少,但在变化多端的天气情况下更加安全可靠。

的商人之一,也听到了海军部招标的消息。对在世界舞台上扬帆起航的机会,他怎会视而不见。为了竞标,卡纳德采取迅速果决的行动。他通过谈判成功地获得充足的资金后盾,并将当时顶尖的轮船工程师罗伯特·纳皮尔(Robert Napier)招入麾下。卡纳德航运公司的雄厚实力赢得了海军部当局的青睐,最终竞标成功。

虽然卡纳德面对很多强有力的竞争对手——很多公司都希望能从利润丰厚的北大西洋市场上分得一杯羹——但其公司依靠雄厚的财力、长期积累的良好信誉以及英国政府的补贴而长盛不衰。随着时间的推移,卡纳德航运公司收购了诸如加拿大北方航运公司和白星航运公司等公司,可惜这一切卡纳德在世时没能看到。在某种意义上,卡纳德的商业发展和成就是加拿大大西洋省区早期历史发展的写照。卡纳德航运公司的成功推动了这一地区经济的相对繁荣。

股份有限公司

股份有限公司法规定公司具有独立法人资格。因此,公司与股东在法律意义上是相分离的。股份公司的优点在于公司债务不是股东债务,股东只以其对公司的投资额承担责任。

当今最常见的公司组织形式为"独资公司"和"合伙公司"。这两种形式的公司设立程序相对简便,需要较少启动资金的公司常采取这两种形式。但这两种形式的公司有两个缺陷:一是公司的规模受公司所有人筹资金额的限制,二是一旦公司负债,所有者将面临无限连带责任。因此,所有者的私人财产总是处于风险中。

股份有限公司创立的最大优点在于可以使公司享有独立法人身份。这意味着公司享有法人财产权,可以签订合同,可以起诉与被起诉,可以以其名义交易,作为独立实体纳税。股份有限公司一旦成立,就会一直存在直到解体——不管是自动还是被动解体,因此股份有限公司具有独立于股东的生命。

公司法人地位的主要意义在于所有者只承担限定责任。一般来说,上市公司的所有者是股东。股东的责任以其出资额为限。如果公司破产,股东债务只限于未出资的股份,如果已出资完毕,股东没有其他责任。历史证明,这种公司形式非常吸引投资者。实际操作中,不出名的上市公司的股东,可能也是企业管理者,有时会被要求通过银行提供个人担保,以使其责任延伸到个人财产。

股份有限公司允许股权持有或转让。公司独立于股东存在,因此自然人股东死亡或破产后公司仍然存在。而且,因为有股票交易市场,股东可以出售股票,从而转移股份给其他股东。

较大的股份责任有限公司常常是所有权与管理权分离。由股东选举的董事会负责公司管理工作。管理者的职责,如每年召开股东大会、发表财务报告等,通常在公司章程中有规定。

股份有限公司的其他优势在于:首先,公司具有某一名字的使用权,因而可以开发与此名字相关的所有市场。相比之下,独资和合伙公司则不具备这样的正式保护。二是股份公司还可以受益于政府贴补,能够在资本市场筹资。三是股份公司还独享纳税的优惠政策。

股份有限公司的缺点在于:为了确保符合所有法律规定,审批程序常常费时费力;而且股份公司必须依照法律通过年度审计的方式公布财务状况。光最后这一规定就能使一部分公司望而却步,选择保持独资或合伙的形式。

世界最大零售商

山姆·沃尔顿

山姆·沃尔顿：1918年生于美国俄克拉荷马州京丰舍，1992年卒于美国阿肯萨斯州小石城。

重要贡献：发展了折扣店的营销概念。

山姆·沃尔顿(Sam Walton)的事业从经营本·富兰克林5-10美分特许加盟店开始。20世纪50年代，沃尔顿发现美国零售业的趋势由单一店向折扣百货店发展。于是，他决定按直觉行事，投资折扣百货店，就这样，沃尔玛诞生了。

1940年，沃尔顿在爱荷华州的大型连锁百货店杰西潘尼公司找了一份实习工作。杰西潘尼公司关心员工福利，给沃尔顿留下了深刻印象，后来他也效仿了这一管理理念。1945年，他在阿肯色州开了第一家商店，实为本·富兰克林(Ben Franklin)的特许加盟店。15年中他在三个州经营了9家连锁店，积累了大量财富和经验。

20世纪60年代早期，沃尔顿和他的兄弟们受到像凯马特这样的零售折扣店成功经营的启发，也在阿肯色州开了自己的折扣店。根据当时的传统观点，折扣店不适合开在小城镇和乡村社区。但是，沃尔顿凭借他的零售业经验、远大志向和对东部市场的深入调研，认为这一策略行得通。

沃尔顿零售业的成功，全靠其经过实践检验的销售策略。他的商品不仅价格诱人，而且货源充足。他总是把零售店开在中心位置，延长营业时间，尽可能吸引各阶层更多的顾客。沃尔顿从低价供应商那里进货，最大程

企业家

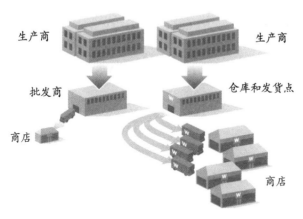

上图:小型商店如果自己运输和储存产品,成本费用与批发商的服务费相当,所以小型商店通常选择通过批发商而非生产商进货。大型商店因为进货量大,具有规模经济效益,可以节省运输、储存成本费用,所以不再选择失去成本优势的批发商,而是直接从生产商进货。

度地发挥他个人精挑细选的选货能力,把节约的成本让利给顾客,向他们出售低价的商品。很多情况下,他跳过批发商,直接与生产商交易。

最初,沃尔顿的零售店都集中在美国南部和中西部地区,以避免同东部地区的大型连锁店和百货商店直接竞争。沃尔玛的竞争对手是当地连锁店和遍布乡村的个体店。后来沃尔顿把店开到人口密集的地区,店址也常选在周边地区。由于沃尔玛零售店主要开在小城镇,不仅卖货,还要为社区提供服务,因此沃尔玛折扣店积极参与当地社区活动,推动当地公共事业的发展。直到20世纪80年代,沃尔顿才感到时机成熟,开始在美国全国开设沃尔玛连锁店,沃尔玛由此进入了城市中心。1992年沃尔顿去世时,沃尔玛连锁店已超过2000家。

品牌开拓者

理查德·布兰森

理查德·布兰森:1950年生于英国夏姆利格林。
重要贡献:在多个商业领域成功推广维珍品牌。

理查德·布兰森(Richard Branson)对开拓充满挑战的新市场,尤其是那些被少数大公司主导的市场总是跃跃欲试。他著名的红色"维珍"品牌符号遍布航空公司、书籍出版业、电信业、假日旅游业、健身俱乐部,甚至太空旅行航线。布兰森的探险精神、成功事业和玩世不恭的个性使他成为英国民众的英雄。

年轻的布兰森早年经商就小有成就,随着维珍音乐零售店和维珍唱片公司的创立,他的事业开始突飞猛进。维珍唱片公司首发的唱片之一是麦克·欧德菲尔德(Mike Oldfield)的《管钟》,这张唱片轰动世界,销量达1300万。布兰森虽不拘小节,却绝不是一个好说话的音乐出版商。他与艺人签订苛刻的合同条款,从中便可看出他的精明过人。布兰森与很多艺人签下长期合约,并享有他们作品的世界版权。20世纪70年代中期,布兰森旗下的主要艺人(包括性手枪乐队、菲尔·柯林斯)的唱片大卖,布兰森的生意越做越大,打进了美国市场。

1984年,布兰森不顾别人中肯的建议,冒险投资创立了维珍大西洋航空公司,进入了大企业的阵营。维珍航线最初由伦敦到纽约,后来又发展了到洛杉矶和东京的航线。维珍航空公司承诺其服务比传统的主流航空公司,如英国航空公司更好也更有趣味。布兰森的宣传手段非常巧妙,他策划的广告总能夺人眼球,比如汽艇和热

企业家

气球广告。成功的广告策划使布兰森和他的维珍品牌符号经常见诸媒体报道。

航空公司运营成功后,布兰森将其挂牌上市,但没过几年他又将航空公司买了回来。他热衷于把利润投入新产业的开发,而不是向股东分红。他把钱用于各种投资活动。有时他的并购似乎没有多少商机可言,这令他的合作伙伴无法忍受。布兰森做生意喜欢异想天开,很难预料他下一步会做什么。

1992年,布兰森把维珍唱片出售给百代唱片公司后,有了更多的资金投资他的航空公司,提供的服务也更完善,更具竞争力。与英国航空公司的官司打赢后,维珍公司名声大振,更受欢迎。在此后的10年中,维珍公司又发展了维珍可乐、维珍伏特加、维珍铁路、维珍保险公司、维珍电信以及维珍网络服务。2002年,为了更好地经营核心产业,布兰森被迫出售了部分业务。不过,凭着他无畏的个性和捕捉商机的才能,布兰森一定能挖掘出新的商机。

布兰森的成功还有两个重要因素。首先,布兰森发展的产业主要是顾客得不到优质服务的产业。他的市场策略是以更新、更好的方式提供同样的产品。其次,布兰森的个人形象与他的维珍品牌联系紧密。布兰森一脸络腮胡子,一身休闲打扮,玩世不恭,不拘一格,这样的作风在他的顾客看来比他竞争对手的公司形象更加真实可信。因此,映射出其创始人个性特征的维珍品牌在多个产业一直备受推崇。

> 商机像公共汽车,永远都有下一个。
> ——理查德·布兰森

了不起的宣传者

菲尼亚斯·泰勒·巴纳姆

菲尼亚斯·泰勒·巴纳姆：1810年出生于美国康涅狄格州贝瑟尔，1891年卒于美国康涅狄格州布里奇波特。

重要贡献：大众娱乐产业广告宣传的创新者。

19世纪，菲尼亚斯·泰勒·巴纳姆（Phineas Taylor Barnum）在美国展览和演出了60年，大众对他将信将疑，毁誉参半。巴纳姆不仅是个了不起的马戏团演员，还是马戏团老板，他善于推销自己，擅长成功经商所必需的宣传造势。

巴纳姆早年就是一个成功的推销员，推销过彩票，干过百货商店的组织管理工作。25岁时，巴纳姆雇了一个叫乔伊斯·赫思的老太太，她自称已有161岁，曾经是乔治·华盛顿（George Washington）的保姆。巴纳姆在广告传单上大言不惭地写道："毫无疑问，这是史无前例最令人称奇的奇闻。"大众受其宣传迷惑，纷纷前往纽约看个究竟，结果巴纳姆一周就赚了1500美元——这种展览能赚这么多钱，真是前所未有。

后来巴纳姆买下一个博物馆，里面陈列着他从世界各地搜罗来的成千上万件物品，其中只有一部分是真品。巴纳姆在纽约百老汇大街的美国博物馆进行的展出大获成功，成为美国19世纪中期参观人次最多的展览。他还搞到一条"斐济美人鱼"，通过海报大肆宣传这是条经过防腐处理的美人鱼，其实纯粹是骗人的把戏。他还捧红了一个名叫查尔斯·斯特拉顿（Charles Stratton）的侏儒，称他为"拇指将军汤姆"。1850年，巴

企业家

左图：巴纳姆的天赋在于能够激发观众的好奇心。大象"壮宝"(Jumbo)是第一个世界闻名的动物。他的"斐济美人鱼"现在看来很可能是把一只猴子的身体缝进了一只大鱼的尾巴里。巴纳姆的宣传一旦深入人心，这些东西就成了奇异的生物，故而吸引了成千上万人前去参观。

纳姆推出了歌剧明星珍妮·林德(Jenny Lind)，给她冠以"瑞典夜莺"的美称，把她捧得大红大紫。

巴纳姆60岁时开始了他美其名曰"世界最伟大的巡回演出"。他的演出既是博物馆展览、动物展览，也是马戏团表演。有一段时间，巴纳姆的演出团坐火车到全国各地演出，搭建的演出棚占地2公顷，能容纳1万名观众。巴纳姆第一年就赚到了40万美元。即使到了他事业的晚期，巴纳姆还能制造轰动效应。1882年，他从伦敦动物园买了一头巨象"壮宝"(Jumbo)，并把它包装成纽约展览宣传的噱头。尽管报纸、政客和权威人士都纷纷抗议，英国民众还是成了"壮宝"迷，"壮宝"帽子、"壮宝"领带和"壮宝"雪茄的销路都很好。巴纳姆一手导演的"壮宝"轰动效应传到美国后，大部分纽约人都前去一睹运到美国的"壮宝"风采。如今"Jumbo"已成为英文中大象的同义词。

毫无疑问，巴纳姆的成功归功于他通过广告激发大众想象力的能力。巴纳姆早年就意识到广告宣传的巨大作用。第一年在纽约经营博物馆时，他为了日后的滚滚财源，就把所有的利润都投在了博物馆的广告宣传上。

动画电影制片人

沃尔特·迪斯尼

沃尔特·迪斯尼:1901年生于美国伊利诺伊州芝加哥,1966年卒于美国加利福尼亚州洛杉矶。

重要贡献:电影制片商和企业家。

沃尔特·迪斯尼(Walter Disney)创作了世界闻名的卡通形象米老鼠。作为电影制片人,他一生被授予47项奥斯卡奖。在长篇动画片和电影成功的基础上,迪斯尼创建了主题公园,后来建立了全球多媒体集团。迪斯尼的最大成就当属创办了以他自己名字命名的家庭娱乐品牌,并树立了该品牌的健康形象。

迪斯尼18岁时曾在法国从军一年,回到美国后应聘到堪萨斯城的广告公司从事卡通广告创作。在这里他接触到动画电影艺术。1923年他来到好莱坞,与哥哥罗伊(Roy)一起筹到足够的资金,制作了一系列将真人表演与动画人物结合的短片。1927年,迪斯尼停止了系列动画片《爱丽丝喜剧》的制作,因为他看到自己的动画人物比其中的真人明星更受欢迎。

迪斯尼在动画片制作技术创新方面总是处于前沿。1928年创造米老鼠时,迪斯尼采用了一项电影制作的新技术——动画与同步配音相结合。20世纪30年代早期,迪斯尼已经在制作彩色动画电影了。1937年,他首先采用"多平面摄影机技术",这种技术可以使动画制作者重复使用无动作变化的背景或前景,从而节省制作时间。

企业家

1937年,迪斯尼制作了他第一部带有剧情的长篇动画片《白雪公主与七个小矮人》,制作成本达150万美元,这在当时动画电影界是前所未有的大投资。这部电影大获成功,后来他又制作了《木偶奇遇记》、《幻想曲》和《小鹿斑比》。迪斯尼位于柏班克的动画制作公司发展迅速,员工达1000多人,大部分是卡通创作人员和技术人员。迪斯尼总是力求技术完美,不计成本和时间,因此他的制作费用很高。比如,他花了10万多美元培训了几十个年轻的动画设计人员,后来只挑选了其中几个最优秀的为他工作。相比他的投资,回报很少。

第二次世界大战后,迪斯尼涉足电视领域,同样非常成功。《米老鼠俱乐部》、《蒙面侠》和《彩色世界》不过是他成功电视节目中的几例而已。1955年,迪斯尼跨领域发展,创建了游乐园,也就是今天的"主题公园"。主题公园首先在加利福尼亚州的阿纳海姆建立,是为成年人和儿童共同设计的乐园。迪斯尼去世时,主题公园的参观人次差不多有700万。他去世后,类似的主题公园在弗罗里达州的奥兰多、日本东京和法国巴黎等纷纷落户。

迪斯尼的文化影响力从某种意义上说是独一无二的,他对美国乃至全世界产生的深远影响无人能比;在商业上,他创办并竭力维护的家庭娱乐品牌的健康形象一直延续至今。

> 我从不称自己的作品为"艺术品"。我的作品是商业的产物,是娱乐业的产物。
>
> ——沃尔特·迪斯尼

风　险

　　风险通常被定义为某个结果或事件中的不确定因素。风险对于公司,既指不利因素也指有利机遇——承担风险的公司比厌恶风险的公司享有更多竞争优势。风险孕育着巨大的损失和收益,因此精确的风险评估非常重要。风险评估包括计算风险发生几率和评估风险发生对公司的影响。这些风险评估理论正是商业分析师和专家学者经常运用的理论。

　　所有企业都面临风险,因为经营环境具有不确定因素——自由市场经济完全由供需变化决定。因此,所有的企业都应设立风险防范机制。风险防范机制一般包括全面识别潜在风险、精确计算风险几率、衡量风险发生后果及建立适当精确的应对机制。

　　风险可能出现在不同环节。战略风险包括与市场相关的不确定因素,比如需求减少、开发新产品失败或出现新的竞争企业。金融风险同成本与收益的变化相关,不与市场直接关联。金融风险包括坏账和贷款利息的增加。经营风险是生产和分销环节的风险,比如工厂机器故障或关键人才流失。最后一种是合规风险,与企业遵守法律和监管规定的情况相关。如果企业不遵守相关法律规定,将面临被迫停业或遭受法律制裁的风险。其他一般风险包括自然灾害以及国外市场不稳定的政治因素等。

风险一旦辨识,企业就必须对风险概率和风险强度进行评估。企业可对其风险分级或排定优先次序。这种分级可以使企业把资源用于防范最大风险,即对实现企业目标可能带来最大损失的风险。基本的风险预测仅仅是评估风险概率的大小。高级的风险评估是通过保险统计计算风险。

最后是风险管理的策略方法。第一种方法是承担风险,通常是在防范风险的成本大于风险本身的情况下采取的方法。不能避免或不能转移的风险都属于这一类"自保保险"。第二种方法是转移风险,通常是通过购买保险的方式。风险也可以通过合约的方式转移(比如购买方同意承担供货方所有的生产成本)。第三种方法是通过多样化投资减少风险,比如购买更好、更贵的机器,以降低机器故障率。最后一种方法是避免风险,指因风险过高而放弃经营活动或投资,这种方法的弊端是有时会失去盈利的机会。

道德经商的女商人

安妮塔·罗迪克

安妮塔·罗迪克: 1942年出生于英国利特尔汉普顿,2007年卒于英国奇切斯特。

重要贡献: 创建了以道德经营为宗旨的跨国零售业。

安妮塔·罗迪克(Anita Roddick)在丈夫外出远行时,为抚养两个女儿,维持生计,开了一家小店。1976年,没有任何经商和销售经验的她凭借周游世界的丰富旅行经验,开创了美体小铺。她的经营理念与众不同,十分关注产品的道德性。安妮塔·罗迪克的美体小铺发展到2000家左右,零售业务遍及50个国家,顾客达7千万人。

罗迪克依靠简单的创意在英国的布莱顿开创了第一家美体小铺。丰富的旅行经验使她注意到旅行者很难买到小瓶装的洗浴产品。为节约成本,她最初推出的15种天然化妆品用可循环使用的小瓶包装,上面的标签也简单之至。她把店面刷成绿色,不过并非是发表绿色环保宣言,而是为遮住墙上潮湿的斑点。罗迪克的美体小铺几乎是一炮打响,很快第二家店铺也开张了。罗迪克和丈夫一起把她的创意推销给其他投资者加盟开店。他们不收取加盟费,但罗迪克会与每位加盟者面谈,以确定他们的经营理念与自己一致。她雇佣员工时遵循同样的原则,总是确保销售人员在工作中能遵循公司的理念。

不同于其他香水或化妆品公司,美体小铺以承担社

企业家

会和环境责任为企业盈利前提。就像她宣传的那样,"二合一"的香皂意味着一块香皂和一份社会责任兼而有之。

美体小铺经营之道也与众不同,购物氛围轻松亲切。一进店铺,你不会被销售人员围住,也看不到光彩照人的模特广告。产品上写有详尽的说明,还有产品小册子和相关资料供感兴趣的顾客随手取阅。

美体小铺很少用传统的宣传方式,而是通过两种间接的广告方式。第一种是通过对产品和服务满意的顾客口碑宣传。第二种方法是巧妙利用媒体宣传,即通过参加不同社会活动达到宣传目的。罗迪克在布莱顿地区的美体小铺的早期成功很大程度上得益于此。当时她对一家地方报纸透露过这么一则消息:社区的殡葬礼仪师非常反感"美体小铺"这个名字。这一则新闻却起到了将美体小铺广而告之的作用。多年来,美体小铺支持过多种公益活动,比如拯救鲸鱼活动、拯救巴西热带雨林活动以及支持公平交易的活动等。他们还支持过包括"大地之友"在内的绿色组织和国际特赦组织。

曾一度被认为代表"嬉皮士"文化的美体小铺,现已成功地发展为跨国零售公司。2006年,罗迪克把她的公司卖给了由雀巢集团部分控股的欧莱雅公司。她的做法颇受非议,因为不仅欧莱雅公司曾因动物测试而遭起诉,雀巢公司更是因为向第三世界国家销售奶粉的事件而遭到过联合抵制。

> 我们把所有的店铺变成教育基地,使大众更好地了解某些问题,比如人权问题。
> ——安妮塔·罗迪克

著名设计师

可可·香奈尔

可可·香奈尔:1883年出生于法国索米尔,1971年卒于法国巴黎。
重要贡献:世界著名服装设计师之一。

可可·香奈尔(Coco Chanel)是一位极富灵感、颇有影响的设计师。她的代表设计有"黑色迷你裙"、针织休闲裙装和灰色套衫。香奈尔风格简洁实用,不菲的价位又透露出优雅与奢华。二次世界大战后,香奈尔成为众人追捧的设计师,她的事业扩展到许多领域,从手提包、针织品到著名的香奈尔5号香水。

20世纪初,香奈尔在歌厅和咖啡厅当过歌手,并取艺名"可可"。1910年,她在富有情人的资助下在巴黎开了一家女装帽店,生意兴隆,并很快在法国的比亚里茨和杜维尔开了分店。

香奈尔率先使用针织面料引导潮流。20世纪20年代以前,针织面料还只用于内衣制作。毛绒针织面料更轻软,香奈尔选择这样的面料达到了凸显人体自然曲线的效果。香奈尔的宽松服装则把女性从传统正装和塑身紧身胸衣中解放出来。香奈尔的设计往往受到男装的启发,比如她常常从马裤、阔腿裤、西装裤和运动衫的设计中汲取灵感。她最著名的设计是"黑色迷你裙"和"香奈尔套装",后者包括开襟毛衫短上衣、干练的短裙和衬衫。

她还是短裙和短发的倡导者。

与香奈尔一样名扬海外的是她的香水。1922年香奈尔5号问世。此款香水因是第五个被测试的配方而得名香奈尔5号。香奈尔5号是第一款推向世界的香水，如今依然享有盛名，也仍旧是最赚钱的产品，平均每30秒就有一瓶香奈尔5号卖出。遗憾的是，相比之下香奈尔本人并没有从中赚到多少钱，大部分利润都流入了另一个投资伙伴的口袋。

第二次世界大战期间，香奈尔自我流放到瑞士。1954年，她回到法国东山再起，重新开张了1939年关闭的店铺。她凭借柔软面料的休闲风格再次引领潮流。香奈尔风格很快再次流行，尤其是在美国受到热烈追捧，她的事业也迅速发展起来。

香奈尔是最早意识到时尚产业已经转变风向的服装设计师。她不再把为上流精英量身定做服装作为事业的重心。香奈尔看到时尚产业的未来是向财富少但人数众多的购买者推销品牌成衣。她与美国成衣生产商签订合同，批量生产服装，并以合理价格出售。这一成功的策略几十年后被其他许多品牌，如CK（Calvin Klein）、唐娜·凯伦（Donna Karan）和范思哲（Versace）所效仿。

香奈尔女装店现任设计师是卡尔·拉格菲尔德（Karl Lagerfeld），他对香奈尔古典简洁的风格加以改进，使其更为现代市场所推崇。

> 流行稍纵即逝，只有时尚永恒不变。
> ——可可·香奈尔

直销商

玫琳凯·艾施

玫琳凯·艾施:1918年生于美国德克萨斯州霍特威尔斯,2001年卒于美国德克萨斯州达拉斯。

重要贡献:发展壮大了直销经营模式。

玫琳凯·艾施(Mary Kay Ash)是一位成功的销售人员,她创建了位于德克萨斯州达拉斯市的玫琳凯化妆品直销公司。凭借她高超的管理能力和创新的企业结构,玫琳凯公司得以发展迅速。玫琳凯公司最初只有9名员工,现已发展为在全世界拥有一百多万名员工的企业。

1939年,具有直销经验的玫琳凯在史丹利家庭用品公司做直销员。虽然她是业绩最好的销售主管之一,却一直没有像男同事那样获得加薪和晋升。1953年,玫琳凯辞职后应聘于圣路易斯的另一家直销公司,但她的业绩同样没有得到认可。1963年玫琳凯退休,打算把自己的经历写成书。然而书成形时,她意识到她是在为梦想中的公司设计蓝图。

1963年,玫琳凯在儿子的帮助下以5000美元起家,生产护肤霜,建立起自己的化妆品销售公司。玫琳凯的经营模式是"聚会销售计划"的直销模式,即通过美容顾问从玫琳凯公司购买产品,然后组织家庭聚会加以推销。每位美容顾问的收入取决于她的销售业绩——美容顾问的产品进价为零售价的50%,以及每发展一位美容顾问的丰厚分红。公司会对新加入的美容顾问就直销技能加以培训指导。

企业家

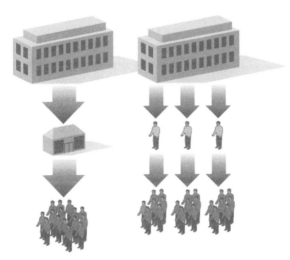

上图：传统的销售模式是商品从仓库运出后通过商店销售给消费者。直销模式是销售人员从仓库买货后通过私人聚会每次向6名消费者推销产品，节省下的商店租赁费和维护费用于培训更加专业化的高效直销团队。

玫琳凯公司实施严格的直销策略。为保证销售人员对产品了如指掌，公司只生产有限的化妆品品种。聚会销售也秉承先向顾客传授美容知识，再向他们推销产品的理念。为保证服务更加私人化，公司规定每次聚会人数不超过6人。产品品种有限意味着美容顾问可以随身携带所有产品，实现当场送货，因此可以充分利用顾客的冲动购物心理。此外，公司规定美容顾问不能用透支信用卡的方式购买产品，鼓励投资量力而行。最后一点，玫琳凯公司的薪酬比同类公司更丰厚。玫琳凯认为应该给员工最大的工作动力，她就曾经奖励过最佳销售人员粉色凯迪拉克轿车。

品　牌

　　成功品牌是一种易于识别的产品或服务。它不仅具有产品的基本价值,还附加了一些独一无二的相关价值,这些价值能够满足消费者对产品的期待需求。品牌为企业创造价值,企业享有对某一品牌的永久性专有权。

　　品牌战略是企业重要的经营战略。品牌一方面便于市场识别产品,另一方面便于市场把某品牌产品与众多竞争产品区分开来。成功的品牌不仅带来高利润和高市场份额,而且能够给企业带来持久的竞争优势,这一优势来自企业良好的信誉和消费者对品牌价值及其生产企业的认可。

　　品牌是一种独特的名称(柯达胶卷)、包装(可口可乐)、标志(鳄鱼品牌)、设计风格(巴宝莉服装)或它们的相互组合。品牌效应或品牌价值意味着消费者把质量、信誉和价格等附加属性与某种产品联系起来。品牌实际上是企业就实现产品的附加属性对消费者的承诺,因而可以降低消费者对是否做出正确购物选择的焦虑感。

　　所有的产品和服务都能满足人们的基本需求:手表告诉你时间,饭店满足你的口腹之欲,汽车载你随处而行。品牌却能带来除此以外的价值。名牌手表可以彰显某种奢华,名牌饭店可以表明消费者对性价比的判断,名牌车则蕴含产品的可靠性能,彰显主人的社会地位。因此成功的品牌增加了产品的核心价值,这种附加值常被称为品牌价值。

好的品牌为企业带来很多优势。首先,品牌可以使企业产品的定价比同类产品更高,而投入宣传的成本更小。另外,由于消费者忠诚于某种产品,该品牌企业的利润会源源不断。第二,因为好的品牌颇受消费者欢迎,企业在与经销商和零售商谈判时就能掌握主动权。第三,一种产品的品牌价值可作为品牌资本在其他市场开发利用,延伸到多种产品,称之为品牌延伸。如果企业不想运用品牌的市场扩展能力,可以租借或出售给其他企业扩展新产品市场。第四,成功品牌能放慢其他品牌进入市场的速度。因为新企业不仅面临发展新品牌的投资压力,而且还要额外付出市场成本以争取现有品牌的忠实消费者。

品牌还有利于提高销售效率。消费者购买品牌产品时,对它的质量和价值已经有了大致了解,因此没有必要花时间对其所有的特点都一一了解。如果购买的是普通产品,消费者的购买决策过程要长得多。成功品牌拥有忠实的消费者,他们会重复购买该品牌产品。

金融家

J. P. 摩根

J. P. 摩根:1837年生于美国康涅狄格州哈特福德,1913年卒于意大利罗马。

重要贡献:服务于大工业企业的银行家和金融家。

J. P. 摩根(J. P. Morgan)是19世纪末20世纪初美国最重要的银行家。他筹集了大量资金投资于新兴铁路产业,并承销由美国内战产生的巨额国债。1907年,他组织银行家联盟,避免了银行危机带来的金融恐慌。

1871年J. P. 摩根为他父亲的公司德雷克塞尔·摩根公司工作,表现出杰出的银行家才能,积累了大量个人财富。摩根利用他的金融知识和与欧洲的关系网向欧洲投资者出售美国股票,尤其是政府债券。他还充当了美国政府战后巨债重组发行的重要操作人。1895年,他改组公司成立了J. P. 摩根公司,成为金融和投资界的巨头。

摩根重要的商业举措之一是对大工业企业的重组。他向企业发放贷款,促成了很多兼并、并购和投资活动,催生了诸多强大的托拉斯垄断组织——这是美国19世纪末工业的主要特点。摩根最初的投资兴趣主要在于承销铁路股票,尤其是向欧洲投资商承销股票。作为股票承销的回报,摩根总是要求对铁路享有一定控制权。结果,他常常把铁路"摩根化",引进他的工人、新想法和新策略。有一段时间,他甚至试图建立铁路联合企业,以最大限度地减少破坏性竞争。

20世纪初并购高潮涌现,摩根催生了很多发展至今的大公司。比如,他提供贷款促成了爱迪生通用电力公司与汤姆逊·休士顿电力公司的合并,合并后的公司即通用电气公司,是一家电子设备生产商。他还创建了国际商船海运公司(运营大西洋航线)和国际丰收公司(生产农业设备)。

摩根出资成立联邦钢铁公司后又兼并了卡内基钢铁公司,组成美国钢铁公司。摩根的经营策略是通过减少运输成本、提高分销效率来获得规模经济效益。他的企业还通过纵向一体化的经营模式拓展了很多新领域,开发了诸多新产品,比如桥梁、轮船、铁轨、火车车皮、电线和钢钉。美国钢铁公司规模日益壮大,成为与英国和欧洲钢铁公司不相上下的大企业。

摩根的金融影响力巨大。1907年美国遭受金融恐慌时就是靠摩根一人之力平稳了经济局势。他组织银行家联盟,向需要资金的银行提供贷款,从而避免了银行挤兑现象的发生。他在银行投资方面无人企及的能力令政治家担忧,于是参议院对他展开各种调查,也最终促成了作为银行系统的政府担保人美联储的诞生。

> 金钱就是商机,商机就是权势,而得到这一切都靠性格与信誉。
>
> ——J. P. 摩根

石油大王

约翰·D.洛克菲勒

约翰·D.洛克菲勒:1839年生于美国纽约里士满,1937年卒于弗罗里达州奥蒙德海滩。

重要贡献:标准石油公司创始人,多起公司金融交易的操作者。

19世纪与20世纪之交,约翰·D.洛克菲勒(John D. Rockefeller)垄断了美国的石油产业。他早年的经历使他意识到石油公司若要成功,就必须做大做强,取得规模经济效益。

洛克菲勒在俄亥俄州的克里夫兰长大。1855年他应聘到一家小型运输公司做会计。虽然那时他还不到20岁,但他很快学会了如何做生意。1863年洛克菲勒投资炼油业。1865年,他与一位在石油产业颇具经验的新合作伙伴塞缪尔·安德鲁斯(Samuel Andrews)共同投资建立了洛克菲勒·安德鲁斯公司,那时他只有24岁。洛克菲勒的公司实施技术革新,采取纵向一体化经济管理模式,取得了丰厚的规模经济效益。1870年,洛克菲勒再次贷款并吸引了新的投资人,将公司重组为标准石油公司。

洛克菲勒意识到炼油业产业结构不合理。因为钻油和炼油的启动成本低,炼油业存在很多小型竞争企业。为了生存,这些小企业把油价压得很低,损害了大规模企业的利益。他意识到解决之道就是消除这种不良竞争。

1871年年末,洛克菲勒采取了收购克里夫兰大部分竞争企业的经营战略。他首先收购了最大的企业,避免了竞争对手得知收购消息后哄抬收购价格。他向小企业主

金融天才

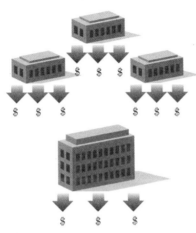

上图：三家炼油厂每家一天生产10万桶石油的成本，大于一家炼油厂一天生产30万桶的成本。洛克菲勒通过减少炼油厂的数量和最大限度地提高生产效率，成功降低了生产成本，垄断了市场。

提出了两种收购方式：标准石油公司的股票收购或现金收购。虽然很多人认为被收购的企业主因为面临价格战的威胁而被迫接受不公平的收购价格，但有资料显示洛克菲勒的收购价格还是公道的。而且面对洛克菲勒这样占有主导地位的低成本企业，中型企业的发展前途非常渺茫。1872年，洛克菲勒已经控制了克里夫兰26家石油公司中的22家。洛克菲勒拆除了效益不好的工厂，效益好的则合并到他的石油帝国。

1882年，蓬勃发展的标准石油公司被合并到标准石油托拉斯垄断组织。由于降低了生产和营销成本，洛克菲勒石油公司的零售价下降了80%，降价幅度之大令人意想不到。

铁路大盗

杰·古尔德

杰·古尔德：1836年生于美国纽约罗斯伯利，1892年卒于美国纽约。

重要贡献：铁路产业的金融家和投机家。

杰·古尔德（Jay Gould）被称为强盗式资本家的鼻祖，他操纵金融和工业市场，不顾及任何道德操守。为达目的，古尔德无所不为。他善于投机谋划。发行掺水股，炒高黄金价格，破坏罢工，贿赂政府官员，这不过是他众所周知的几个事例而已。

古尔德先是投资宾夕法尼亚州的皮革工业，成为纽约的皮革商，但华尔街是他的最爱，因为那里有无穷的贸易和投机机会。古尔德没用多长时间便成了复杂的股票市场的专家，并很快从他的投资中——主要是铁路股票投资——赚了大钱。

1867年，古尔德受邀出任陷入经济困境的伊利湖铁路公司的董事，他很快碰到了强大的竞争对手柯内留斯·范德比尔特（Cornelius Vanderbilt）。柯内留斯·范德比尔特早就想把伊利湖铁路公司收入囊中，并于1868年开始购买该公司股票。为了应对，古尔德和其他董事则非法把公司债券转化为10万新股。范德比尔特将此诉诸法律，却发现古尔德已经贿赂了纽约立法委员，并已把此事合法化。范德比尔特意识到大势已去，只得接受了100万美元的庭外和解，把伊利湖铁路公司留给了古尔德。古尔德许诺对伊利湖铁路公司进行宏大的投资计划，使公司大量负债，然后卖空股票，在1875年公司倒闭

金融天才

前大发横财。

古尔德另一个广为记载的投机行为是他企图通过操纵黄金价格使美元贬值,从而增加外商对美国小麦的需求。小麦需求增加,小麦运输需求必然增加,他的铁路公司因而从中受益。1869年,古尔德开始在自由市场上购买黄金。他以为美国财政部会听之任之,不会出售黄金以平稳市场价格。但当金价上升到160美元时,财政部被迫干预,抛售黄金,金价跌到135美元,很多投资者因此蒙受重大损失。这次投机,古尔德获利很小,却因此惹来了官司,也使自己的信誉丧失殆尽。

然而金融丑闻并没有阻止古德尔投机的脚步,他的兴趣又转向了西部铁路公司的并购,以及效益很好的曼哈顿高架铁路和西联电报公司的股票增发。古尔德在经济萧条时大笔买进低价位股票,待经济复苏时抛售其中一部分。依靠这样的投机策略,古尔德的资本大幅升值,积累了大笔财富。到19世纪80年代时,他拥有的铁路已占美国铁路里程的15%。古尔德虽然声名不佳,但在全国铁路和交通网一体化发展,以及将西联电报发展成美国最强大的电报公司方面,他的成就还是不可否认的。

> **掺水股:** 即人为抬高价格的股票。该名词最初源自这样一种造假行为,牛拍卖前被迫喝下大量水以增加体重和销售价格。股票市场上,如果一只公司的股票注水,说明这只股票的股价超过了公司的实际价值。

……蜘蛛总是在黑暗的角落里编织结网。
——亨利·亚当斯

公司股票

股票是一种有价证券,是公司在筹集资本时向出资人发行的持有股份的凭证。股票不仅赋予股东以公司的所有权,股东还可按所持股份享有公司收益以及公司资产清算的权利。

公司可以发行授权范围之内的任何数量的股票。股票可以在股票交易市场买卖,或私下买卖,股价由市场供求决定。因此,如果某支股票的需求量大,换句话说,大多数人看好此股,想买的人多于想卖的人,股价就会上升,一直升到供求平衡为止。如果需求量低,股价下跌,则会吸引观望的投资者购买。股票交易市场的交易随时发生,股东可以随时买卖股票。这种可以随时"清仓"股票的机制,即通过股市交易把股票变现的机制,非常吸引投资者。

股东按其所持有股份的比例享有参与公司分红和资产清算的权利。股东通常通过股东大会投票表决权行使参与权。股东参与公司决策的权利大小,主要取决于个人股东和其他公司股东所持有股份的集中程度。股份的集中程度越低,比如股份在股东中的分配越平均,越难以左右股东大会的董事会决议。因为大多数情况下,董事会可以从众多没有参会的股东那里获得足够多的委托投票权来否定与会股东关于董事会决策的任何质疑。

股东享有股票的股息或红利,同时也要分担公司的责任和经营风险。一旦公司倒闭,股东是最后主张权益的人。对于普通股股东来说,公司资产在偿还所有债权人之后可能所剩无几。如果公司面临倒闭的重大风险,股价可能跌到零,因为投资者纷纷抛售以降低损失。

股票还有其他风险。股价的波动性比任何形式的投资都大。股价每天都在波动,受买卖双方寡头(银行、保险公司、社保基金、对冲基金等)以及宏观经济和政治环境变化的影响。市场可能被悲观或乐观的情绪笼罩,很多时候完全失去理智。因此,很多普通股的投资者为分散股市风险把资金分散到数只不同行业的公司股票上。投资者的股票组合还包括其他有价证券,比如债券和安全性高的金边(政府发行)债券。

表示所有权的股票在美国叫做"stock",在英国和澳大利亚则叫做"share"。"stock"在英国表示更为广泛的有价证券。"普通股"(优先股的对称)则常常称为"资产股",因为它代表了公司的"资产",是偿付所有债权人后的公司资产。

国际银行家

梅耶·阿姆谢尔·罗斯柴尔德

梅耶·阿姆谢尔·罗斯柴尔德：1733年生于德国美茵河畔的法兰克福，1812年卒于德国美茵河畔的法兰克福。

重要贡献：开创了国际银行，服务于世界各国政府与企业。

罗斯柴尔德金融王朝的创始人是梅耶·阿姆谢尔·罗斯柴尔德（Mayer Amschel Rothschild）。他在德国法兰克福开设银行，吸引了很多有权势的富有客户。通过黄金存储、发放贷款等业务，阿姆谢尔的银行生意兴旺发达。阿姆谢尔把金融业务的诀窍传授给5个儿子，而后把他们分派到欧洲的各主要金融中心，让他们在世界金融舞台上施展抱负，建立起强大的金融王朝。

阿姆谢尔5个儿子中的内森（Nathan）被派往伦敦，詹姆斯（James）被派往巴黎，其他两个儿子分别派往维也纳和那不勒斯，第五个儿子则与阿姆谢尔留在法兰克福。在伦敦和巴黎开设的银行受益于"两家银行"间的友好竞争，生意最为兴隆。罗斯柴尔德家族银行的生意越做越大，到19世纪前25年，罗斯柴尔德家族已经有足够财力向拿破仑战争的英法双方提供军事贷款。

总的说来，在伦敦开设银行的内森在金融界和商业界更为成功。据称，他靠成功预测1815年拿破仑兵败滑铁卢进行投机而发了大财，使家族财富剧增。而事实是，内森通过复杂快速的情报网络，从欧洲的情报人员那里提早获得了拿破仑战败的消息，而那时绝大部分伦敦人还一无所知。然后他散布法国胜利的谣言来打压英国股价,再趁机以低价买进股票,并在英国胜利的消息传来时抛售盈利。

内森和詹姆斯是现代欧洲银行的缔造者,尤其是国际证券市场发展的推动者。政府债券就是由投资者购买政府债务并享有固定利率。政府债券大受政府欢迎,因为它能使政府筹集到大批资金用于战争或公共事业。又因这种证券可以交易,投机商考虑到债券的未来价值也大批买进。随着债券市场发行数量的增加,债券的包销商罗斯柴尔德家族获得了巨额财富。他们把这些钱大量投资到世界范围内的采矿厂、铁路和钢铁公司。内森的银行财大气粗,甚至英国银行面临挤兑黄金的风潮时它都能出手援助。

近代以来,罗斯柴尔德家族的事业重心是发展商业银行,主要业务是撮合企业并购和兼并,发行公司股票。目前罗斯柴尔德家族银行是欧洲排名第四、世界排名第九的大企业重组咨询银行。今天看来,罗斯柴尔德家族银行的一大失误是仅仅固守欧洲的中心业务,错过了在19世纪拓展美国金融业务的时机。

罗斯柴尔德金融王朝历经19、20两个世纪长盛不衰,家族团结是其重要原因之一。罗斯柴尔德家族只赞同族内通婚,家族关系密切,这种家族凝聚力保证了名义上各自独立的银行实际处于同一组织协调管理中。

> 只要让我掌管国家的金融命脉,由谁制定法律我不在意。
> ——梅耶·阿姆谢尔·罗斯柴尔德

股市投资人

沃伦·巴菲特

沃伦·巴菲特：1930 年出生于美国内布拉斯加州奥马哈市。

重要贡献：世界上最伟大最成功的股市投资人。

沃伦·巴菲特（Warren Buffet）1965 年购买了伯克希尔·哈撒韦控股公司并担任董事长。巴菲特购买了多家公司的股票和股份，其中包括可口可乐、吉列、美国运通等。事实证明，巴菲特极为成功的投资已使他位于世界最富有的人之列。

在纽约哥伦比亚大学商业研究所，巴菲特遇到了对他一生产生深远影响的人——本杰明·格雷厄姆（Benjamin Graham）。格雷厄姆曾经写过一本关于有价证券的书，提出了"价值投资"理论，主张投资者应当购买估价低于公司资产价值的股票。格雷厄姆认为，有朝一日市场意识到股价被低估时，股价就会上涨，投资者从而获利。因此，投资者在购买股票前会做大量研究，准确估算所有资产价值。这种研究工作巴菲特游刃有余。像他后来所声称的，他的成功部分得益于他阅读的成千上万份公司年度报告。

巴菲特曾在纽约为格雷厄姆公司工作过一段时间。1956 年他自立门户，在奥马哈创办了一家投资公司——巴菲特合伙人公司。在随后的 13 年中，公司由 10 万美元的创办资本升值到 1 亿多美元。1965 年，巴菲特购买了新英格兰纺织公司——伯克希尔·哈撒韦公司。为了

金融天才

左图：差异产品的市场往往由一两个主流品牌垄断。由于现有品牌很难被取代，新品牌往往难以打入市场。巴菲特通过购买主流品牌的股票占据现有市场最大的商业投资优势。

专心经营这家公司，1969年巴菲特解散了巴菲特合伙人公司。尽管在20世纪80年代初纺织公司被迫停产，但它因许多利润丰厚的并购而作为控股公司存活下来。

巴菲特热衷于投资保险业。保单收益稳定，理赔可能在多年之后，或根本不需理赔，因此保险业利润丰厚。巴菲特的策略是用保险业赚来的钱购买企业股票——他的投资重点。巴菲特购买的往往是那些具有明显竞争优势的企业股票，比如像可口可乐这样的品牌，而不是那些产品毫无特色的企业。由于新产品难于打入差异产品的销售市场，因此相对而言，这些企业没有潜在的竞争对手。巴菲特投资的这些公司大都很成功，为他带来丰厚的利润，从而为进一步投资各种证券提供了资金。

随着巴菲特在商业和投资业的日益成功，他对商界重要活动的影响力越来越大。1995年，在他的撮合下，迪斯尼公司以190亿美元的价格收购了大都会/美国广播公司，创建了新的媒体帝国。巴菲特的投资能力令人称奇，比如1965年，他对伯克希尔·哈撒韦公司进行投资，当时投资的每1000美元到2000年时已升值到500万美元。2006年巴菲特承诺将把他财产的85%，即350亿美元，捐献给慈善事业，令世人赞叹。

媒体巨头

鲁伯特·默多克

鲁伯特·默多克：1931年出生于澳大利亚墨尔本。
重要贡献：独一无二的世界媒体霸主。

鲁伯特·默多克（Rupert Murdoch）由澳大利亚的一个小小的州级报纸起家，最后将他的公司——新闻集团——发展成世界上最庞大、最有实力的媒体集团，其商业领域不仅限于报纸杂志，而且扩张到电视、电影和互联网等领域。此外，默多克充分发挥他的能量，不仅在商界雄霸一方，在政坛上也大展身手。

默多克在英国牛津大学毕业后，先在《每日快报》工作了一段时间，之后回到澳大利亚经营父亲的报纸《阿德莱德新闻报》。几年内，他开始收购其他报纸，其中最著名的是《悉尼每日镜报》，并把这家报纸发展成澳大利亚销量最大的报纸。不过，其发行量的攀升皆因满篇耸人听闻的八卦新闻和丑闻报道。

1969年，默多克将目光转向英国，先后收购了《世界新闻报》和《太阳报》。后者改版后，由于每天刊登关于性、犯罪和丑闻的报道，很快便臭名远扬。但这些报道极为迎合英国大众的口味，于是《太阳报》销量大增，成为默多克的摇钱树。默多克还买下了英国报纸《泰晤士报》，这份报纸和他的《澳大利亚人报》一样，市场定位于较为严肃的读者群。

进入英国新闻出版业初期，默多克为采用新技术同印刷工会展开大战。印刷工会多年来一直抵制电子排版技术,因为那样记者就可以绕过排版车间直接将稿件投给出版商。1986年默多克把他的公司由舰队街搬到望坪街,将印刷工人"拒之门外"。经过6个月的激战,印刷工会大败而归。从此以后,英国的报刊出版业普遍采用成本低廉的排版技术。

20世纪70年代中期,默多克进入美国市场,收购了《国民星报》,并将之成功打造为美国版的《太阳报》。之后他又买下《纽约邮报》、《波士顿先驱报》和《芝加哥太阳时报》。

默多克的成功秘诀并不神秘。他的报纸迎合大众口味,市场运作积极大胆。此外他还严格控制成本,敏于采纳新观念、新技术。默多克的报刊媒体向大众灌输政治信息,许多人认为他在向政界邀宠,为此他颇受诟病。他的媒体曾在英国支持布莱尔政府,在美国支持小布什政府,因此也引起了不少争议。

20世纪80年代,默多克进入相关媒体领域。他在英国购买了卫星电视;后来为确保他的天空频道有稳定的电影和体育节目来源,他购买了电影公司20世纪福克斯和英超比赛的电视播映权。他还打入美国的电视市场,为此他不得不加入了美国籍。默多克的投资兴趣广泛,涉足有线电视、书籍出版、唱片发行,还参与了路透社的股份。这些成功的投资使默多克成为一代富商。

> 我做任何一笔生意的初衷都不在于赢得尊重。
> ——鲁伯特·默多克

兼并与收购

兼并发生于两个公司的管理者达成一致协议时;收购或接管是指一公司的管理者直接向目标公司的股东提议以高于股票市场价值的价格收购其股份。在实际操作中,两者难以区分。

一些成功的中型企业为了扩大发展,利用大规模经营优势,实现规模经济效益,会考虑兼并或并购等商业策略。这种策略的核心价值在于合并后企业的价值大于两个独立的企业市场价值之和。下面我们考察一下纵向兼并与横向兼并的益处。

横向兼并发生在处于同一生产或经营阶段的企业之间——比如两个银行之间或两个汽车制造商之间。企业兼并出于多种原因。横向兼并可以使企业占有更大的市场份额,或消除势均力敌的竞争对手。无论哪种结果出现,企业将有更大的余地提高价格而无须顾忌对手的反应。

横向兼并的双方企业达成共识——企业的合并将带来规模经济效益。当然企业可以通过自身发展提高效益,但这里所讲的效益是指合并特有收益,包括实施兼并的企业双方某些非流动资产的合并带来的收益,即合并综效。例如,两个企业联合经营同一资源,比如油田,双方可能因合同纠纷或企业制度差异而导致合作效率低下，而兼并可以解决此类问题。再如，实现技术优势互补方面，一家企业可能拥有先进的生产技术，而它的竞争对手在销售方面更具优势，或一家企业的专利因利用另一家企业的资源而得到更快更充分的开发。

纵向兼并是指两个处于不同生产阶段的企业间的合并——比如一家钢铁厂收购一家煤矿。纵向兼并的原因主要有如下几点：衔接生产环节能够带来技术优势；规避原材料供应或企业产品物流中的风险或不确定因素；合理避税和控制价格；为了站稳市场。

只要市场运作不成功（比如成本过高），企业就有纵向兼并的意图。在这种情况下企业会采取将市场内部化的方式改善市场运作，也就是用内部组织化代替外部市场交换，比如收购一家供应商。纵向兼并使企业具有三方面的优势：成本优势、内部控制优势和结构优势。成本优势是指企业节约了与生产环节上不同厂家谈判的时间和金钱成本。内部控制优势是指相对于企业之间，企业对内部生产活动可以施加更大的控制力。结构优势是指企业内部信息交流效率更高。同一企业的员工一起参加培训，分享经验，遵守同一工作条例，从而确保了信息交流的质量和效率。

电子产品领袖

李健熙

李健熙：1942年出生于韩国宜宁。
重要贡献：推动三星电子进入世界商业舞台。

20世纪90年代早期,李健熙(Kun Hee Lee)作为三星集团的执行总裁,肩负着带领集团转型的重任。他意识到,工作的重点应该是产品质量,而不是产量,决定要"改变一切"。通过重视产品设计和质量,李健熙使三星电子成长为全球商业领域的重头企业。

1977年到1987年,三星集团由李健熙的父亲李秉喆(Byung Chull Lee)执掌。在此期间,集团的销售额从10亿美元增长到了240亿美元,其中大部分应归功于三星的电子产品。1987年,李健熙在父亲去世后重组了三星集团,将重心更多地放到了员工的培训激励和产品质量上。同时,因为电子产品业务在公司利润当中所占比例越来越高,他对这项业务进行了重点投资。他的目标是把三星建设成为世界,尤其是半导体行业的巨头。为完成这一目标,1993年,他与类似哈里斯半导体公司这样的日美企业进行了合作谈判。

1987年到1992年,三星的销售额增长了两倍,令人难以置信。但是,李健熙并没有因此而止步不前。为了保持三星在电子技术方面的领先地位,走在竞争对手的前面,他增加了对研发的投入,卖掉了那些销售业绩不佳的业务,缩小了其他业务的规模,把三星集团业务重组为三大领域:电子、工程和化工。

创业者

李健熙还热衷于执行最严格的质量标准。1995年,有媒体曝光他把残次的三星手机赠送给朋友,令他极为尴尬。对此,他果断地采取了措施——来到了位于首尔南部城市龟尾市的工厂总部,要求2000名员工头戴"质量第一"的发带来到工厂大门外,亲眼看着工厂的全部库存被销毁。现在,这座工厂的手机生产标准是最高的。而李健熙与其下属管理人员的当前目标是让三星成为全球第一的手机生产商。

今天,三星已成为一家首屈一指的电子产品公司,其记忆芯片、液晶显示器和电脑显示器在全世界的市场上都占据了大量份额。三星还击败了曾经的对手索尼公司。现在,三星集团的总资产已经超过2000亿美元,其25万名员工遍布于全世界60多个国家。在任期内,李健熙作为总裁带领着三星集团取得了斐然的成绩。他的做法对韩国经济产生了积极的影响,更重要的是,李健熙相信,一个企业能够拥有的最有价值的资产便是创造力和设计创新能力。这对企业的成败至关重要。在取得这些能力的过程中,李健熙使三星形成了一种企业文化,他称之为"首先改变我自己"。

质量控制: 产品正变得日益昂贵和复杂,市场竞争也日趋激烈,产品的安全性和可靠性对所有的生产者来说都是极其重要的,这就要求对产品进行广泛的质量控制检测,从而最大限度地降低产品的残次率。质量控制检测通常采用随机抽样和统计学分析方法。

除了妻儿,一切都要变。

——李健熙

跨国公司之父

盛田昭夫

盛田昭夫：1921年出生于日本名古屋。
重要贡献：最早的跨国公司之———索尼公司的创始人。

1957年，盛田昭夫(Akio Morita)与井深夫(Masaru Ibuka)一起创立了东京通信株式会社。起初，他们的产品是便携式半导体收音机。很快，公司改名为索尼。在接下来的40年中，索尼公司不断发展壮大，制造出众多新颖的产品，这其中有许多产品都成为索尼这一品牌的代名词。1994年盛田昭夫退休时，索尼公司是世界上消费电子产品最大的生产者之一。

盛田昭夫的父母经营着一家成功的米酒酿造厂，因此，盛田昭夫大学毕业，服完海军兵役之后踏入商业领域并不奇怪。盛田昭夫大学学习的是物理学。1946年，他成立了一家电子产品公司，主要生产录音机。公司的大股东都是他的亲戚。1955年，公司购买了用于生产半导体的通用电气执照，其业务也随之扩展到了便携半导体收音机领域，成为世界上第一家生产此类产品的公司。

当时，其他日本公司都在为美国公司代工（如为霍尼韦尔代工的宾得公司和为西尔斯百货代工的三洋公司）。与这些公司不同，盛田昭夫的公司使用自己的品牌生产产品。公司品牌"索尼"来自于"声音"一词的拉丁文"sonus"，盛田昭夫认为这能吸引西方消费者。为了保证公司的成功，他把质量控制作为公司的第一要务。他在产品设计和市场推广方面做出了很大努力,打破了"日本制造"廉价、仿冒的形象,使之转而成为一流产品质量的代名词。

盛田昭夫的市场营销技巧跟井深夫的技术支持完美地结合在了一起。索尼公司雄心勃勃地开始了新产品和市场的开发。其产品研发资金占销售利润的10%,涉足不受任何政府或财阀(即商业联盟)资助的研究领域。这为索尼带来了革新性的产品,如随身听、特丽珑电视以及CD。

索尼美国公司成立于1971年,是第一家在美国生产电视机的日本公司。1976年,盛田昭夫升任索尼公司社长。为支持公司的硬件产品,索尼开始进军音乐和电影制作这一软件商业领域。1987年,它以20亿美元的价格购买了哥伦比亚唱片公司。两年后,它又以35亿美元的价格购买了哥伦比亚影业公司。

盛田昭夫也曾犯过错误。录像产品刚出现时,索尼支持磁带录像系统,反对家用录像系统,而后者却在后来成为了行业标准。兼并哥伦比亚影业公司也为索尼带来了巨额损失。1994年,盛田昭夫去世后,索尼在消费电子产品领域的霸主地位被积极进取的韩国三星公司所取代。但总体来说,索尼的成就要多于这些失利。盛田昭夫作为第一位建立起真正的跨国公司、创立了一个世人皆知品牌的企业家,依然为世人所铭记。

> 不要害怕犯错,但同一个错误不要犯两次。
> ——盛田昭夫

首席执行官

杰克·韦尔奇

杰克·韦尔奇：1935年出生于美国马萨诸塞州皮博迪。
重要贡献：使通用电气公司获得了空前发展。

1960年，杰克·韦尔奇（Jack Welch）加入通用电气公司（GE），并伴它走过了接下来的41年时光。韦尔奇刚加入通用时，人们都认为这个公司市场表现不佳、效率低下、官僚作风浓重、反应迟钝。但在韦尔奇任公司首席执行官的21年间，通用得益于他的战略性眼光、卓越的领导能力和交流技巧，市场资本总额从130亿美元增长到了2800亿美元。

韦尔奇凭借化学工程博士学位成为通用电气公司的一名初级工程师。然而，仅仅一年之后，他就对公司的官僚作风感到了失望。被挽留下来之后，凭借自己积极的市场开发风格，韦尔奇在公司的地位迅速提高。1979年，他成为副董事长。两年后，他成为通用历史上最年轻的首席执行官。面对这样一个机构庞大臃肿、官僚气息浓厚、人浮于事的公司，韦尔奇采取了一系列的革新措施。

韦尔奇的第一个目标是合理组合公司业务。他决定，只要哪个业务部门的业绩在行业当中不是数一数二的，就卖掉它。这就是所谓的"要么改善、要么出售、要么关停"策略。据报道，韦尔奇炒掉了表现最差的10%的管理人员，用奖金和职工优先认股权奖励表现最好的那20%。1980年，通用有411000名员工，而五年之后，只有299000人被留了下来。

创业者

右图：质量管理传统上仅限于工厂车间，但在"六西格玛"系统当中，企业的每个层面都会形成团队，这些团队将100%的时间都用于质量控制。各团队以及他们所采取的训练都是从跆拳道原则衍生而来。在跆拳道当中，水平足够高的学生（也就是所谓黑带）就可以成为老师。

韦尔奇将公司创造成了一个轻松的学习环境，鼓励管理人员把自己的部门看成是"杂货店"，培养他们发现市场机会的能力和灵活、迅速的反应能力。他还通过"推翻小组"强化了对管理人员的这种训练。"推翻小组"人员的任务是提出激进的建议。他们的建议有可能超越通用传统的部门分工或者与通用的理念背道而驰，因此会引发辩论。20世纪90年代，韦尔奇采用了"六西格玛"式质量管理法。这是一种使生产效率近似完美的方法。经验丰富的专家，或曰"黑带"，负责监督生产的逐步变革，从而消除生产当中的残次品。

毋庸置疑，韦尔奇的成功主要得益于他卓越的领导才能和沟通技巧。他定期跟自己的高层管理人员开会，经常突击视察下属的12个业务部门，因此总能亲自将信息传达给下属。他还相信，一个公司真正的力量在于它的员工，这是任何竞争都无法击败的一种力量。因此，他花费大量时间与人面对面交流，并且坚持参与每年对公司3000名高管的考评。

电脑天才

比尔·盖茨

比尔·盖茨:1955年出生于美国华盛顿州西雅图。

重要贡献:开发并且营销了最著名的个人电脑操作系统。

1976年,比尔·盖茨(Bill Gates)和保罗·艾伦(Paul Allen)一起创立了微软公司。后来,通过开发MS-DOS和Windows等操作系统以及互联网浏览器IE,微软成为世界上最大的软件公司之一。20世纪90年代,微软公司的市值不断提高,盖茨也因此成为世界首富。

比尔·盖茨对于计算机编程的爱好始于求学时期,当时,他认识了微软的另一位创始人保罗·艾伦。在哈佛商学院,他们二人为牵牛星8800开发了第一个计算机语言程序——牵牛星BASIC语言。牵牛星8800是由微型仪器与自动测量系统公司(MIT)开发的。MIT非常喜欢并且购买了他们的程序。盖茨和艾伦组建了一个名为Micro-Soft(微软)的公司,并在1975年离开了哈佛,以求从事其他项目。

1980年,他们二人受雇于IBM公司,为他们的个人电脑开发操作系统。这就是后来的MS-DOS系统。之后,MS-DOS系统被授权给其他开发者,以确保他们的程序和计算机"与IBM兼容"。IBM公司的成功主要得益于这项举措。20世纪80年代,微软发布了自己的Windows操作系统,获得了巨大成功,确立了微软在操作系统市场的主

创业者

导地位。这一成功的取得一定程度上得益于软件开发员对微软系统的一贯支持,以及施乐公司和苹果公司早先对类似系统的研发工作。

随着微软主导地位的不断加强,其竞争对手的反对声也随之增加。1997年,有人控告微软过度运用自己的垄断力量,阻止其他公司向消费者提供可在Windows系统上运行的程序,限制其他公司开发替代性系统,并且将软件产品(如IE浏览器)与Windows系统捆绑销售。这导致微软受到美国司法部的调查。盖茨提出,计算机行业的变化速度意味着微软的主导地位源自自然竞争。这一案件最终在2002年宣判。美国政府给微软的行为规定了一些限制,但实质上并未真正削弱微软的力量。

盖茨的声誉和成功主要源自两方面。首先,他是个懂技术的管理者,做过编程(他最近的一次编程活动是在1989年)。而且,他坚持将研发列为企业战略的重中之重。其次,作为一个商人,在公司谈判活动中,他立场坚定,采用积极的定价政策和市场策略。这些才能的组合使得微软不仅经受住了2000年前后的互联网泡沫,并且保持了其一贯的增长速度和利润率。虽然盖茨已经不再担任微软的首席执行官,但他仍然是公司的主席。现在,他的工作重心更多地转移到了新产品开发上。而且,他将大量的私人财产捐献给了慈善事业。

> 信息技术和商业的联系正变得越来越紧密。我认为,没人能脱离其中一方来言之有物地讨论另一方。
> ——比尔·盖茨

互联网零售商

杰夫·贝索斯

杰夫·贝索斯：1964年出生于美国新墨西哥州阿布奎基。

重要贡献：第一个成功的互联网电子商务公司——亚马逊公司的创始人。

杰夫·贝索斯(Jeff Bezos)毕业于普林斯顿大学计算机专业。1986年，他搬到纽约，为一家金融公司工作。1994年，他发现可以从新互联网为人们带来的商机中寻找机会。于是他搬到了西雅图，在那里创立了亚马逊公司。刚开始的时候，亚马逊专门销售书籍。几年之内，它的业务毫不费力地就扩展到了其他零售领域。在这个过程中，贝索斯也成为千万富翁。

高中时，贝索斯对计算机产生了浓厚的兴趣，决定到普林斯顿大学学习计算机专业。毕业后，他去了华尔街，研究市场价格走势，同时，他还为国际贸易开发电脑网络。很快，他对开发利用互联网产生了兴趣。

20世纪90年代早期，互联网主要用于各个机构之间的信息交换。不过，其用户的增长速度达到了一年2000%。对贝索斯来说，这意味着一个等待开发的巨大市场，而且这个市场依赖于大量的产品和服务列表。研究邮购目录时，贝索斯发现在图书销售领域，人们不需要复杂的邮购目录。个中原因很简单：这种目录与"读书俱乐部"式的目录列表不同，它体积庞大，不便于邮寄。而互联网具有存储海量数据的能力，可以轻松完成这个任务。不过贝索斯的老板对于这个想法兴趣不高,因此贝索斯决定建立自己的公司。

贝索斯搬到西雅图的原因有二。第一,他在当地找到一个图书批发商,此人愿意以自己的仓储和派送体系支持贝索斯的市场业务。除此之外,西雅图有着大量受过专业培训的程序员。贝索斯在车库里用3台太阳公司的工作站建立起了第一个网站,推出了亚马逊。3个月之内,仅凭口口相传,别无任何其他推广活动,亚马逊的销售额就达到了每周2万美元。订单从美国各地以及其他45个国家纷至沓来。随着客户评论、电子邮件验证以及客户认证等各项服务的不断改进,亚马逊的经营业绩也取得了惊人的增长。1997年,亚马逊公司上市。贝索斯的企业策略重点一直都是注重顾客的需求,把亚马逊建设成为一家"以顾客为中心"的公司。

大型书商都曾尝试模仿亚马逊模式,但亚马逊是这个行业中的第一家,因此占有先机。到2000年为止,亚马逊的市值超过了它在图书销售业最大的两个竞争对手——巴恩斯·诺布尔公司和博得斯图书音乐公司。很快,亚马逊就开始拓展业务范围,而不是仅限于图书销售。它先是增加了CD、录影带和消费电子产品的销售,接着,又开始销售衣物、玩具、体育器械以及家庭用品。现在,世界上最大的书店正在演变成为世界上最大的零售商。

> 我们把顾客看做受邀参加聚会的客人。我们每天的工作就是令客户体验的每一个重要方面都变得更好。
> ——杰夫·贝索斯

谷歌创始人

拉里·佩奇和谢尔盖·布林

拉里·佩奇：1973年出生于美国密歇根州兰辛。
谢尔盖·布林：1973年出生于俄罗斯莫斯科。
重要贡献：搜索引擎谷歌的创始人。

拉里·佩奇（Larry Page）和谢尔盖·布林（Sergei Brin）在斯坦福大学时曾合著计算机科学著作，后来，二人开发了世界上最受欢迎的互联网搜索引擎——谷歌。2006年，谷歌成立10周年时，谷歌的市值达到了1500亿美元。

拉里·佩奇在美国密歇根州长大，父母是计算机教师。谢尔盖·布林出生在莫斯科，6岁时随家人移民到了美国。他的父亲是个数学家。佩奇和布林相识于斯坦福大学，当时二人都在攻读计算机博士学位。

佩奇和布林二人一起研究了新一代的互联网搜索引擎。他们的第一次尝试是在自己的大学宿舍，名为"BackRub"。这个搜索引擎以网页的受欢迎程度为搜索基础。他们二人提出，以受欢迎程度为指标得出的搜索结果对用户更有用。虽然其他程序员也有类似的想法，但佩奇和布林解决了这一想法背后复杂的数学运算，为自己赢得了优势。

把"BackRub"改名为"谷歌"之后，他们二人都放弃了学业，以便对这一想法进行商业化开发。从家人和朋友那里募集到资金后，他们在1998年推出了搜索服务。成功紧随其后——只用了8年时间，谷歌的网页量便达到了几十亿，每天的搜索量更是超过6亿次。

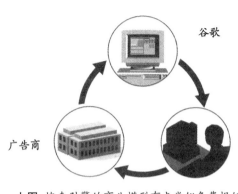

谷歌

广告商　　消费者

上图：搜索引擎的商业模型有点类似免费报纸。使用服务的消费者不必付费。相反,谷歌以及其他搜索引擎将链接到各个单独搜索的广告空间对外销售。这使得广告商能够对目标消费者进行直接营销,从他们身上获得收入。

2001年,谷歌的员工超过了1000人。2004年,谷歌公司上市,每股的价格达到了84美元。3年之后,每股股价上升到了500美元,公司市值也上涨为1500亿美元。同时,到2007年为止,谷歌的员工总数达到了12000人。

谷歌成功的原因有二。第一,谷歌网站每天惊人的搜索量对广告商具有巨大的吸引力,它通过拍卖位于搜索结果旁边的广告位获得收入。其次,谷歌能够向用户提供准确、有效、完整的服务,因而在用户当中也很受欢迎。用拉里·佩奇的话说,就是"永远向用户提供高出其期望值的服务"。谷歌近期收购了YouTube——一家广受欢迎的视频共享网站,以便将其作为另一个广告收入来源。因此,谷歌的股价不断上涨也就在意料之中了。不过,不管谷歌将来的业绩如何,佩奇和布林的成就在于,他们使普通人和商业领域使用互联网的方式产生了革命性的变化,令互联网变得更为便捷,功能更为强大。

垄 断

垄断是一种竞争很少,甚至没有竞争现象的市场形式。从英语的字面意义上来说,垄断(monopoly)指的是一种只含有一家公司的行业。换句话说,这家公司跟整个行业是一个统一体。在缺乏法律规范的情况下,由于没有竞争对手拉低产品和服务的价格,垄断公司可以几近彻底地控制其产品和服务的价格。

垄断的法律定义有很多版本。以英国法律为例,如果一家大型公司的市场占有率超过25%,即可认定为垄断。在实际操作中,很多市场因素也有可能约束垄断企业,如新的或者替代性的产品或服务可能出现,强大的竞争对手可能进入市场,政府也有可能采取措施限制垄断企业。

垄断企业接受调查时,执法机构通常会综合评估支持以及反对此家企业的各种观点。

反对垄断企业的观点有很多,有的是理论层面的,有的是实践层面的。经济学理论认为,被垄断的行业与以竞争为主的行业相比,商品价格更高,产量更低。同时,垄断还会导致社会福利的损失。为了保持较高的价格,垄断企业也许会限制产量。这表明资源使用效率低下,进而导致行业生产能力过剩。另外,垄断企业创造的高利润并不一定说明其生产方式效率高,反而也许只是表明它在利用自己的市场控制能力使价格高于单位成本。

垄断企业还可以使用其他手段来控制市场。作为唯一的供货商,它可以对不同地域的消费者或者消费不同系列产品的消费者进行价格歧视,以增加其收入。它还有可能采取不公平的手段,排挤潜在对手进入市场。即使对手成功进入市场,垄断企业也可以通过各种限制性策略打败这些公司,例如进行掠夺式定价(以便减少竞争)和纵向约束(即限制原料供应)。

许多证据显示,当某个行业当中一家或几家公司独大时,其技术进步速度通常会放慢。由于没有竞争压力,垄断企业认为没有必要将大量的利润投资到风险极大的研发活动当中。

不过也有很多支持垄断组织的观点。首先,垄断并不一定会导致价格上涨、产量降低和福利损失。实际上,通过实现生产和分配的规模经济,垄断通常可以增加社会福利。成本的下降可以通过价格的下降转移到消费者身上。可以认为,某些行业在垄断形式下会更加高效。有的行业被看做是"自然垄断行业",如饮用水、天然气、电力以及通信业等等。有时候,企业的最小有效规模很庞大,行业仅能维持一家企业盈利,自然垄断就是在这种情况下产生的。在自然垄断企业当中,固定成本在总成本构成当中占有很大的比例。最后一点,证据显示,垄断企业并非懒惰的创新者。相反,垄断产生的大部分利润通常都被投入到了研发项目上。

竞争政策专家

迈克尔·波特

迈克尔·波特：1947年出生于美国密歇根州安拉伯。
重要贡献：世界上竞争策略领域最重要的学者之一。

迈克尔·波特（Michael Porter）是一名管理顾问，同时还是哈佛商学院的教授，以其对企业战略的卓越研究闻名于世。世界各地的学生都在学习他的"五力分析模型"。波特兴趣广泛，曾研究国际经济以及区域集群。他创立的国家竞争性定位理论影响深远。

波特获得工程学位之后，又在哈佛商学院取得了MBA和博士学位。他的早期研究集中在微观领域的竞争策略，并集中体现在他的著作《竞争优势》（1980）一书当中。里根总统任命他为产业竞争力委员会成员之后，他便开始研究民族国家的竞争和经济发展之间的关系。

有关公司竞争环境的"五力分析模型"大概是波特最有影响力的理论。这其中的第一种影响力是"竞争的强度和广度"（行业内现有竞争者之间的竞争）。竞争强度取决于行业内现有企业的数量和规模。如果某行业当中规模相似的企业数量众多，则与行业内只有一家企业或者几家企业独大的情况相比，竞争会激烈得多。第二种影响力被称为"潜在竞争者的进入能力"。面对新进竞争对手的压力，与那些免受竞争之苦的垄断行业企业相比，现存企业会做出不同的反应。第三种影响力为"替代性产品和服务的影响力"。替代性产品和服务的增加

上图：波特的"五力模型"展示了影响企业竞争环境的因素。行业内竞争会导致企业个体被淘汰。同时，潜在竞争者进入市场的能力、替代性产品和服务、消费者和供应商的议价能力都会带来这种压力。

通常会导致竞争加剧。现有企业可以通过树立品牌或者投放广告，使产品线比竞争对手更为细化，从而应对竞争。第四种影响力为"消费者的议价能力"。消费者对企业产品的影响力取决于消费者的总数、实力以及他们对企业产品的依赖程度。最后一种影响力被称为"供应商的议价能力"。如果重要产品的供应商数量少，但规模大，他们就能通过提高产品价格，降低产品质量，甚至是威胁消费者减少产品供应来控制市场。

波特还提出了"价值链"的概念，将企业分解成与其策略相关的主要活动和支持性活动，分析研究了要想增加企业单一产品利润，价值链各个连接点之间可以通过怎样的方式进行改进。他认为，为了增加价值，获得竞争优势，企业应当选择相同的竞争策略，并且坚持该竞争策略。

最近，波特开始集中精力研究美国城市老城区（贫民区）问题。他认为，人们应该重视财富的创造，而不是分配。

战略管理专家

加里·哈默尔

加里·哈默尔：1954年出生于美国密歇根州圣约瑟夫市。

重要贡献：一流的战略管理家,提出了核心竞争力的概念。

加里·哈默尔(Gary Hamel)是世界知名的管理咨询师和管理学教授。他曾为许多世界知名企业工作,包括通用电气公司、壳牌、宝洁公司以及微软。他提出了很多重要的战略竞争观点,其中大部分都跟"核心竞争力"这一概念有关。同时,他还是自己的管理咨询公司策士(Strategos)的首席执行官,并担任伦敦商学院的客座教授。

哈默尔在密歇根大学取得了自己的第一个学位,后来又在圣安德鲁斯大学获得了 MBA 学位。之后,他在1983年进入了在当时来说相对年轻的伦敦商学院。1990年,他在密歇根大学取得了博士学位。在25年的学术和管理咨询生涯中,哈默尔提出了一系列全新的、革命性的企业管理理念,这些理念产生了广泛而深远的影响。

哈默尔最知名的理论——"核心竞争力"这一概念是他跟哥印拜陀·普拉哈拉(Coimbatore Prahalad)共同提出的。他们认为这些能力是企业表现的关键。企业的核心竞争力来源于企业的专业知识及如何利用这些知识获得并保持竞争优势。在竞争当中占据领先地位的关键在于有能力保持这些核心竞争力,免受对手模仿。在技

策略家

术更新迅速的行业当中,企业必须能够迅速采用新技术,并主动开发新技术。只有野心够强(战略意图明确)、灵活性或适应性够高(战略延伸广)的公司才有可能成功。

近来,哈默尔一直在关注"不断的管理创新"。他认为管理创新有时可以通过采用诸如资源分配、开发新市场以及激励员工等新管理策略创造竞争优势。这些创新能够保证企业长期保持行业主导地位。

为了证实自己的观点,哈默尔探讨了管理科学和无形资产管理,并深入研究了雇员方面的知识。就管理科学而言,他引用了通用电气的例子。20世纪初,通用的竞争对手通常依赖于杂乱无章的研究结果,此时通用电气反其道而行之,开创性地采用了一种新方法来管理其工业研究及设计。这种做法保证了通用在接下来半个多世纪的时间里,比其他的美国公司获得了更多的专利。另外,宝洁公司在20世纪30年代有效地管理了旗下多个品牌,哈默尔使用这个例子来说明如何进行无形资产管理。而通过丰田公司鼓励员工积极参与解决复杂的生产问题这一事例,哈默尔则展示了如何利用员工的"智慧"。

哈默尔认为,管理创新能够为企业带来更为先进的竞争策略,因此面对21世纪的全新挑战——国际竞争加剧、消费者能力上升以及日新月异的技术进步,企业应当在管理创新上投入更多的时间和资源。

> 一家企业如果无法想象未来,也就无法生存到未来。
> ——加里·哈默尔,《为未来而竞争》

经济学家

罗纳德·科斯

罗纳德·科斯：1910年出生于英格兰威尔斯登。
重要贡献："交易成本分析"的先驱。这一概念对企业及竞争策略的范畴进行了界定。

在近一个世纪的生命历程中，罗纳德·科斯（Ronald Coase）的著作寥寥无几。尽管如此，他为数不多的著作却为经济学以及管理策略领域做出了巨大的贡献。他有关企业本质的理论带来了分析领域的新学科——交易成本分析学的诞生。同时，他对物权的观点也对公共决策产生了同样深远的影响。1991年，罗纳德·科斯获得了诺贝尔奖。

20世纪30年代，科斯就读于伦敦经济学院。1951年，他在获得博士学位后移民美国，成为纽约布法罗大学的一名教师。此后，他还曾执鞭于弗吉尼亚大学和芝加哥大学。科斯1979年退休，现为芝加哥大学的名誉教授。科斯在职业生涯之中写过两篇影响深远的文章。第一篇是他在1937年写的《企业的本质》。这篇文章阐释了多方面的内容，其中包括企业存在的原因，并采用了一种全新的方法研究公司策略。不过，真正再次将"科斯分析法"，即现在的交易成本经济学，引入工业领域的则是奥利弗·威廉森（Oliver Williamson）。

第二篇文章是《社会成本问题》（1960）。文章探讨了如何处理市场外部性以及产权分配的问题。文中观点挑战了采用政府政策应对市场机制失灵的传统观点,后人将其称之为"科斯定理"。

在1937年的论文中,科斯观察到,在市场经济中,在价格机制的作用下,资源分配决策是在无意识当中做出的:资源总是向价格最高的方向流动。但是,在企业内部,价格机制则被架空,员工在不同部门之间流动时,其行为并非出于价格因素,而是出于管理需要。为什么资源分配在某些情况下取决于市场,而在其他情况下又取决于企业呢?科斯认为,这是因为通过市场进行资源分配时,会产生"交易成本"。

交易成本包括收集相关价格信息产生的"搜索"成本、对合同义务进行谈判的成本以及政府监督产生的成本等。如果企业能够内化市场交易,就能够节省这些成本。举例来说,如果交易活动发生在企业内部,而非在其外部市场当中,那就可以避免政府征收营业税或者对经济活动施加其他限制。根据科斯的观点,额外交易活动由市场转移到企业内部时,企业就会扩张。同样的,当企业内部交易活动停止时,企业就会衰落,其原因就在于这些交易被转移到了市场当中。因此,企业内部合并及组织额外交易的边际成本超过边际效益时,企业增长便会受到限制。

> 建立企业可以带来利润的最主要原因在于采用价格机制是要付出成本的。
>
> ——罗纳德·科斯

经营分析师

罗素·艾科夫

罗素·艾科夫:1919年出生于美国宾夕法尼亚州费城。
重要贡献:运筹学的主要奠基者。

罗素·艾科夫(Russell Ackoff)现为沃顿商学院名誉教授,并兼任互动管理学会首席执行官,该学会是一家主营交互系统设计的咨询机构。艾科夫现已出版多部著作及学术文章,以其对运筹学的发展所做出的贡献而闻名于世。

艾科夫1941年毕业于宾夕法尼亚大学,获建筑学学位。在大学学习期间,他对哲学产生了兴趣,并获得了科学哲学的初级讲师职位。1947年,他取得了该专业的博士学位,且此后四年一直从事这一专业的教学工作。

1951年,在位于俄亥俄州克利夫兰的凯斯西储大学,艾科夫参与了一个研究项目。而此前美国从未有过同类的研究项目。在凯斯期间,艾科夫跟同事合著了具有教科书性质的《运筹学概论》(1957),该书确定了运筹学这一新学科的基本范畴。1964年,艾科夫返回宾夕法尼亚大学,在那里的沃顿商学院创建了管理科学中心。

二战期间,出于有效组织和管理战争资源的需要,英国人创立了运筹研究。要解决管理方面的问题,传统方法通常采用量化和客观的方式进行分析。然而,艾科夫发现,一个问题的解决往往会导致其他方面产生新的难题。在商业领域,管理策略者所面对的问题通常在本质

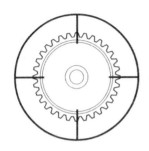
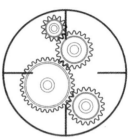

上图:艾科夫的"综合"思维注重把系统看做一个整体。他不仅仅注重各个独立的组成部分,还通过各系统组成部分之间的相互作用,使效率最大化。其他部门如果无法借助某个部门的成功来提高自己的业绩,那么这个部门的成功是没有任何作用的。

上是质量问题,这就导致量化的方法不适用。然而尽管如此,管理人员还是会根据有限的量化指标制定目标。艾科夫写道:"不知道如何衡量自身目标的管理者,只能满足于追求自己所能衡量的东西。"(2007)

处理问题的典型方法就是把问题进行分解,这样就可以从财务状况、市场推广情况以及员工职能的角度来考察一项业务。因此,了解了组织或者系统的构成也就意味着了解了整个组织和系统。艾科夫进一步发展了这一理念。他发现,系统依赖于其各组成部分之间的相互作用。因此,考察系统时,不应将其组成部分看成是独立存在的个体,而应该把它们看做整体的一部分。通过分析,可以得出系统的某个部分是如何发挥作用的。要想了解这个部分跟整体之间的相互作用意味着什么,我们需要具有综合性思维,或曰"系统思维"。艾科夫发现,综合思维能够提高分析商业组织的水平。

业绩分析家

罗伯特·卡普兰

罗伯特·卡普兰：1940年出生于美国纽约。

重要贡献：建立了"平衡计分卡"分析法,评价企业的总体业绩。

罗伯特·卡普兰(Robert Kaplan)是哈佛商学院的一名教授。1992年,他与同事戴维·诺顿(David Norton)为《哈佛商业评论》合著了一篇文章,因此而名扬天下。这篇文章为管理分析人员提出了"平衡计分卡"分析法,此法不仅强调财务上的成功,也强调非财务绩效指标。自问世以来,全球很多公司及政府部门都采用了这个方法。

卡普兰学习电气工程出身,后来在康奈尔大学获得了运筹学博士学位。他先是在卡耐基梅隆大学泰珀商学院工作了16年,后来,又在1984年加入了哈佛商学院。他的基础理论研究在于将组织的业绩表现与其策略目标联系在一起。他提出的"ABC成本法"和"平衡计分卡"等概念正是属于这个领域。

ABC成本法把商业活动分解为不同的组成部分,以便判断各组成部分所需的确切成本。此法与传统分析方法不同,后者衡量的是生产某种产品或服务所需的总成本。对于有着既定产出的商业活动来说,ABC成本法为其计算相对成本提供了一种更好的分析方法。

卡普兰的平衡计分卡分析法为策略管理领域提供了

一种新方法,而对于那些需要经过衡量以取得与财务角度一致的整体平衡的领域,则提出了明确的指导原则。这种方法使企业对潜在的活动步骤获得了更为清晰的认识。通过对内部过程和外部表现的关系进行信息总结,卡普兰的方法使得管理活动可以改善公司的整体业绩表现。

公司的财务标准是对已发生事件的记录,与潜在的未来价值关联不大。相反,后者是由公司评估消费者、供应商、员工的能力以及进行技术创新的潜力决定的。卡普兰提出,企业应从四个角度衡量其业绩表现。其中,学习与成长角度指的是对员工的培训以及建立一个有利于其不断获取新知识的工作环境。业务流程角度指内部业务职能,这个职能又被进一步分解为以任务为中心的职能和辅助职能。以任务为中心的职能取决于管理人员确定公司优势的能力以及企业衡量成功的方法,例如质量、员工技能以及生产能力。客户角度衡量的是公司产出所对应的客户满意度。财务角度则一般是通过销售量、市场份额以及投资回报率进行衡量的。公司常常会过于强调其业务的财务方面,这会导致积分"不平衡"。因此,举例来说,如果一家企业财务方面很有实力,但客户的满意度很低,那么它未来的销售量也许会出现下滑。

> 企业应当明确自己必须擅长怎样的流程和能力,并为之确定衡量标准。
>
> ——罗伯特·卡普兰

企业策略专家

大前研一

大前研一:1943年出生于日本北九州。
重要贡献:全球竞争以及企业策略领域首屈一指的思想家。

大前研一(Kenichi Ohmae)最早是日立公司的一名设计工程师。1972年,他加入了麦肯锡顾问公司,并成为一名经理,负责日本业务。他对全球的工业、全球化以及国际竞争的认识无人能及,再加上他对管理理论的贡献,使得他成为世界闻名的"策略先生"。

大前研一对管理策略领域做出的第一项贡献便是他的著作《策略家的思想》(1983)。他在这本书中提出,商业本质上是简单的,策略是一个态度问题,与大量的分析工作无关。他认为,企业应该注重以下三点:消费者需求、企业能力以及竞争。企业判断其消费者下一步的需求,考虑企业对这些需求的应对能力,并且判断自己是否能够战胜竞争者的挑战。接下来的企业策略取决于这些因素怎样相互配合以及是否有利润产生。大前研一认为这种观点与美国的商业模式有着极大的差别,后者专注于首先设定利润目标,然后分析数据,制订所需计划。对于大前研一来说,这只不过是"数据表涂鸦"而已。

20世纪90年代,大前研一的注意力转向了国际商务。他对全球化对于民族国家的消解作用兴趣尤为浓厚。在他的《无国界世界》(1990)一书当中,跨国公司超越政治边界的能力是一个中心议题。2001年,他又写了《看不见的

策略家

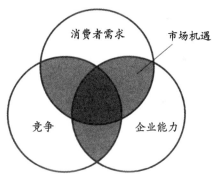

上图：大前研一明确了在商业策略当中，消费者需求、企业能力以及竞争可能性是3个主要因素。好的策略有两点目标，那就是将消费者需求和企业满足这种需求的能力这二者的重叠部分最大化，并将竞争占据这一重叠部分的比例最小化。

新大陆》一书，提出技术正在创造一个具有四维空间的新虚拟大陆。首先，这个大陆具有可见维度，由具体产品组成。其次，这是一个没有边界的世界，企业、资源以及产品在民族国家之间自由流动。第三，互联网和移动电话的新技术带来了网络维度的兴起。最后一个维度则是高公倍数维度，即世界股票市场对于新生企业估价过高，使其获得了接收旧有企业所需的金融资产。大前研一称这些新生公司为"哥吉拉"（把身边所有东西都吃掉的怪物）公司，其代表有微软、美国在线、谷歌以及戴尔。这些公司与IBM、惠普及索尼等传统的"泰坦"公司相对，那些传统公司在这个新大陆上面临的竞争压力更为巨大。

大前研一的近期著作关注的是区域经济在新时代中的作用。他相信这是未来企业的存在平台。在《民族国家的尽头》(1995)和《全球新舞台》(2005)两本书中，他主要讨论了导致区域经济占据主导地位以及使国家消亡的力量。

跨国公司

跨国公司与在海外仅仅进行商业活动的企业不同,它通过收购当地企业或者直接投资建立新企业,在超过一个以上的国家拥有或者控制着生产或服务。

跨国公司有很多类型。其中,"横向型"跨国公司,如尼桑和福特汽车公司,其同一种产品在不同国家之间仅有微小的差异。"纵向型"跨国公司在不同国家参与的生产过程阶段各不相同。石油公司就是非常好的例子。而跨国企业集团在不同国家生产的产品则各不相同,食品企业帝亚吉欧就是其中之一。

有一个问题很关键——是什么因素吸引普通公司成为跨国公司?答案有二,可以归为两个大类进行讨论,即降低成本的可能性和成长的可能性。寻求减少成本的公司通常会倾向于进行纵向型发展,而那些想要扩大销售的公司则倾向于发展成为横向型跨国公司或者跨国企业集团。

跨国公司降低成本的能力取决于许多因素。首先,企业也许希望从源头上寻找更为廉价的资源,如原料和劳动力。其中有的资源在该公司的本土市场上也许没有,又或者在外国的相对流动性很低。不管是哪个原因,要想获得这种资源,该公司都需要在这个国家设立机构。如果一个公司非常依赖生产线这样的劳动密集式生产方式,它也许会受到低廉劳动力的吸引。耐克公司就是一个非常好的例子,该公司在40个国家建有工厂,其中大多数位于东南亚国家,那里的低工资水平为它带来了大量利润。在其他国家建立公司的第二个原因便是劳动生产率。某个国家的劳动力成本也许比其他国家高,但其产出比也更高,从而降低了单位成本。第三个原因是良好的基础设施。如发达的铁路、公路和便捷的港口。最后,政府的政策支持——如高补贴和免税期,对外资来说也可以是一种刺激。直接的外来投资也有可能出现,因为外企希望通过在关税同盟当中建立企业,来避免关税壁垒,如在欧盟内设厂。

对于希望扩大规模的企业来说,成为跨国公司也有吸引力。在国内市场销售饱和的情况下,外部市场就会产生吸引力。企业不仅可以通过这种地理上的多元化来降低风险,还可以获得比当地竞争对手更大的竞争优势。举例来说,该企业也许可以接触更高水平的技术或者利用已经建立起来的品牌。这样,它不仅能够降低生产成本,而且可以节省推广成本。跨国公司还能够采用更先进的管理技巧,以及经过实践检验的组织方法。

近30年来,跨国公司的发展还得益于许多其他方面的进步,如通信的发展、消费者需求的全球化,以及新组织结构在管理复杂的全球性活动方面的发展。

精益生产方式之父

大野耐一

大野耐一：1912年出生于中国大连。1990年卒于日本丰田城。

重要贡献："准时化"和"精益生产方式"的先驱。

大野耐一（Taiichi Ohno）1932年进入丰田公司，起初是在纺织业务部门工作。1939年，他被调入汽车部门，并在公司内一路高升。20世纪50年代，他成为产品组装线的总经理，为了应对丰田公司的严重财务问题，他建立了"丰田生产方式"，提高了生产效率。1975年，他升任丰田公司副社长。

第二次世界大战刚结束时，美国工人的生产能力是日本工人的9倍。对此，丰田公司社长要求大野耐一使丰田的汽车生产能力达到美国水平，因此，大野耐一提出了丰田生产方式（TPS），并对其进行了完善。大野耐一宣称该生产方式有两个重要基础。第一个基础是亨利·福特的著作《今日与明日》（1926）。该书详细描述了福特的生产方法、库存管理方法以及减少浪费的方法。第二个则是大野耐一在20世纪50年代对美国超市运营方式的亲身观察。他发现，超市只要货架出现空位就会进行补货。在生产过程中，这一点可以应用于公司物资的重复补充。

TPS最本质的内容就是减少浪费以及提高效率。这对日本企业来说极为重要。这是因为美国汽车定价遵循"成本加价"原则，与此相反的是，日本的定价体系却受制于相对较低的需求。对于价格已经确定的日本企业来说，他们只能通过降低成本，提高效率来增加利润。

在大野耐一眼中，很多地方都会产生浪费——如生产过剩、不同生产过程之间消耗在生产线上的等待时间、工厂内混乱无计划的半成品运输、缓慢的处理时间、产品库存过高以及不合格的库存和成品。

对此，大野耐一的解决方法被称为"准时化"系统（JIT）和自动化。准时化系统保证了物资仅在有需求的时候才在工厂内流动，且其流动频率尽量稳定（这被称为"生产平准化"）。为了控制物资在工厂内的流转，大野耐一发明了"看板"卡片，卡片上详细准确地列出了需要对某项物资做什么。这个系统的优点在于，根据需求控制在制品、原料和成品的库存。

自动化使得每个自动化生产步骤都具有一定的人工智能。如果工人发现自己无法解决的问题，整个生产线会自动中断工作，促使所有工人立刻参与问题的解决。无法销售的产品当中也包含着工时，因此，放过残次品有可能会在将来造成更多损失和浪费。

TPS 和 JIT 极大地提高了丰田公司的生产效率，在 20 世纪七八十年代对西方生产方式产生了极大的影响。世界上有很多企业都采用了这种系统。人们称这种系统为"精益生产方式"，或曰"零库存生产"。

> 成本存在的目的不是为了让人们去计算它，而是减少它。
>
> ——大野耐一

决策分析师

赫伯特·西蒙

赫伯特·西蒙:1916年出生于美国威斯康辛州密尔沃基市,2001年卒于美国宾夕法尼亚州匹兹堡市。
重要贡献:建立了组织决策分析理论。

诺贝尔奖得主赫伯特·西蒙(Herbert Simon)最为著名之处便是他在微观经济学和企业战略领域对组织决策研究所做出的贡献。他提出,传统方法对企业的分析是以完美的信息为基础。但在现实中,决策者面对的却是一个充满不确定性或者说"有限理性"的商业环境。这种观点带来了崭新的企业理论和分析方法。

西蒙感兴趣的领域远不止经济和管理。他涉猎广泛,研究领域包括心理学、计算机科学、哲学以及知名度最高的人工智能。广泛的兴趣使他可以结合多个学科创立新的理论和方法。

20世纪50年代,西蒙专注于产业组织研究。当时,组织理论模型当中最突出的一点就是假设所有决策都是理性的,却忽略了人会犯错这一事实。

决策者面临着许多问题。举例来说,面临选择时,他们首先需要正确列出所有的可选项。接下来,他们得判断这些可选项能带来什么后果。最后,他们需要对这些后果进行准确的比较和评估。但未来本质上是不可确定的,因此他们不可能每一次都做出正确的选择。获取当前信息的成本过高也使策略分析师受到了制约。这也就

策略家

是所谓的"有限理性",即进行商业决策时,决策者不可能完全了解所有因素。

西蒙提出,与注重效益最大化相反,管理者应该专注于取得"满意"利润。后来,人们将这个称之为"满意度",与"最大化性"行为相对。在一个大草垛当中,管理者应该找到最锋利的那根针,还是应该仅仅满足于找到够用的针?举例来说,能令股东满意的最小利润就是"满意利润"。(只要利润低于这个水平,股东就会卖出其股份,导致公司市场价值下降。)

新古典经济学家认为,经济系统是以一种半机械的方式进行运作。他们提出了一种注重均衡的经济模式。西蒙则对这种模式的使用提出了质疑。他认为经济组织是复杂的、动态的,这导致静态的均衡分析跟经济组织研究之间无法产生关联。

他的这些看法受到了经济学家和管理研究者的热烈欢迎,并被发展成了更为复杂的企业行为理论和模式。举例来说,在《企业行为理论》(1963)一书中,西蒙的同事理查德·西特(Richard Cyert)和詹姆斯·G.马奇(James G. March)就使用了他的理论,为企业决策设计了新的范式。

> 人类,作为行为系统来看,是非常简单的。长期以来,我们行为当中明显的复杂性主要是对环境复杂性的反映。在这个环境当中,我们找到自我。
> ——赫伯特·西蒙

质量控制理论家

石川馨

石川馨:1915年出生于日本东京,1989年卒于日本东京。
重要贡献:世界上最主要的发展商业质量控制技术的贡献者之一。

石川馨(Kaoru Ishikawa)的主要观点是商业应当重视质量。20世纪60年代早期,他倡导了"质量圈"的概念。质量圈是指为生产过程提出改进意见的工人小组。他还提出了"七种品质管理工具",其中流传最广的便是因果图。这些管理工具的优点在于它们不管是在理论上还是在实践当中都非常简明。

20世纪60年代早期,作为东京大学的一名工程学教授,石川馨提出了"质量圈"的概念,这是一种定期举行的员工会议,目的在于通过提高员工的车间工作技能、能力以及创造力,来激发工作动力,提高身心投入水平。这种会议的规模通常少于12个人,对与会人员来说既是培训,也是教育,还能激发灵感,会议常常能带来产品品质的改进、有关产品的建议、生产过程的创新以及生产力的提高。有专家认为,日本工业在20世纪60年代到70年代的增长,可部分归因于这些"质量圈"的贡献。

石川馨的另外一项主要活动是推广统计分析在改善产品质量领域的应用。在《质量控制指南》(1968)一书当中,他提出了7种分析工具:直方图、检查表、帕累托图、曲线图、控制表、散布图以及因果图。最后一种工具又被称为"鱼骨图",或者"石川图",或许是他最出名的一种工具。因果图能够帮助质量控制人员确定跟某个既

理论家

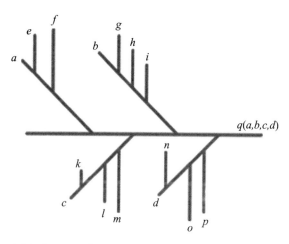

上图：在石川图中，中心问题会被分解成为造成该问题的若干因素，这些因素随后又被分解成为不同的根本原因，每个原因用一个字母表示。这种方法使得管理者可以确定问题，并一个因素、一个因素地得出解决问题的方法。

定问题有关的所有因素，并根据重要程度的不同，把其中的不同原因进行分类。问题的结果以树的形式体现出来，树干代表主要问题，树枝代表确定下来的原因。一般说来，生产过程中的主要原因，或者说树枝，是人力、方法、原料以及机器。在管理领域，粗树枝就是政策、程序、人员以及设备。每根树枝都根据其重要程度受到评估。粗树枝上伸出来的小树枝详细代表了无数个构成特定粗树枝的因素。因此，举例来说，某家公司也许希望减少产品生产当中出现的高成本（即树干）。造成高成本的主要原因之一（即某根树枝）是生产产品所需的昂贵人工成本，而这也许是由于这家公司得要雇佣高比例的合同工（即一根小树枝）。

现代管理之父

彼得·德鲁克

彼得·德鲁克：1909年出生于奥地利维也纳，2005年卒于美国加州克莱蒙特。

重要贡献：思想家，作家，被誉为"现代管理之父"。

彼得·德鲁克（Peter Drucker）是著名的管理问题作家和演说家，对商业领域影响深远。众所周知，他在20世纪50年代到60年代创立了管理学，使得商学院和企业管理培训项目如雨后春笋般涌现。他还为众多大公司担任顾问，这其中包括杰克·韦尔奇的通用电气公司。

德鲁克是一名犹太人。20世纪30年代，他被迫逃离德国，去了纽约。1950年以前，他一直以兼职教书为生。之后，他在纽约大学谋得正式教职，教授管理学。由于《工业人的未来》（1943）一书，通用汽车公司邀请德鲁克对通用进行研究，这带来了《公司的概念》（1945）一书的出版。在书中，德鲁克支持企业进一步分权和设定短期目标，认为这是企业进步的一种方式。这本书成为畅销书，令德鲁克在商业领域声名远播。

在《管理实践》（1954）一书当中，德鲁克极为详细地分析了企业管理。他提出，在他10年的教学与咨询经历中，没有任何一本书介绍过管理的概念，因此，他决定写这样一本书，并且很清楚自己是在建立一门新学科。他认为管理并不是一门艺术或者科学，而是一种职业，其目的在于最大限度地利用手中资源，满足客户需求。

理论家

这本书向管理者提出了三个问题：你的事业是什么？你的客户是谁？在你的客户眼中，什么是有价值的？他认为，一个企业的首要目标应当是为客户服务。利润不应该是企业的主要目标，而应该是企业生存的重要条件。再进一步说，企业跟员工以及社会的关系必须以这个首要目标为前提。

这本书还为管理策略领域提供了一份蓝图，名为"目标管理法"（MBO），这也是该书畅销的原因之一。目标管理法的基本原则为保证组织目标与员工存在"级联"关系，并且保证决策过程能够有更多人参与。这个过程包括在管理者和雇员之间设立明确的、可衡量的目标，并且双方都要认可这个目标，这一点非常关键。接下来，人们可以把这些目标正式记录下来，明确其完成时间，对其进行跟踪，并根据反馈得出结论。管理者的角色是对目标进行评价，并保证它与企业的使命和资源具有相关性和一致性，进而实现与其相关的功能。这些目标的关键在于它们可以接受客观衡量，保证公司能够建立可靠的数据收集和存储系统。

德鲁克的著作被翻译成了30种文字，60年来畅销不衰，深深地影响了欧美以及日本的商业领域。其重要地位或许正如杰克·韦尔奇总结的那样："全世界都知道，他是上个世纪最伟大的管理思想家。"

> 有效的领导能力与做演讲和受人爱戴无关，真正定义领导才能的是结果而非品质。
>
> ——彼得·德鲁克

商业史学家

艾尔弗雷德·钱德勒

艾尔弗雷德·钱德勒:1918年出生于美国特拉华州故因科特,2007年卒于美国马萨诸塞州坎布里奇。

重要贡献:商业史学家,为管理理论的发展做出了重要贡献。

作为一名历史学家,艾尔弗雷德·钱德勒(Alfred Chandler)留给世人的遗产主要在于他把商业史作为一门学科进行了发展。他从历史的角度来分析企业和工业,从而对不断发展的管理理论以及企业战略领域做出了极有价值的贡献。他主要研究企业战略与企业组织结构之间的关系,以及19世纪后半叶管理在商业领域所扮演的角色。

1950年,钱德勒以历史学家的身份成为麻省理工学院的一名教师。1963年,他加入了约翰霍普金斯大学。1971年,他成为哈佛商学院的终身教授。在哈佛期间,他出版了《看得见的手——美国企业的管理革命》(1977)一书,分析了美国经济当中公司结构优势背后的历史。

钱德勒将美国商业史划分为两个时期——1850年以前时期和1850年以后时期。他认为在第一个时期,市场经济占主要地位,其特点为产业结构竞争性极为良好,买家和卖家数量多,没有太高的市场壁垒,产品具有同质性,商业知识和商业机密易于获得。针对这个时期,钱德勒定义了三种商业类型,并称其为"传统企业"。第一种

理论家

为南方种植园,有着简单的人力管理结构以及基本的财会系统,种植园主管理业务的运转。第二种类型,以洛威尔纺织厂为例,其组织结构比种植园型要复杂。其中,生产能力是关键驱动因素,管理者不仅重视劳动力的管理,也重视经营性事务。第三种类型,也是最复杂的一种,可以以春田兵工厂为例。这种类型的企业依赖工人的专业化、简单的生产线以及在企业组织中实行部门分工。

1850年之后,一场企业革命见证了"管理型资本主义"取代传统形式的过程。在此期间,专业经理人中的骨干接手企业管理。铁路企业这种复杂的大型企业组织就是一个主要代表。企业通过引入明确界定的工作职能、管理责任以及等级体系,来监督不同管理层,消除了自身的复杂性。成本计算也以前所未有的方式受到应用,这使得管理者可以准确计算最小的工作收益率,并据此调整产品价格。对钱德勒来说,1850年以后这个时期实际上带来了管理科学的创立。在其著作《规模与范围:工业资本主义的动力》(1994)当中,他还把自己对美国管理型资本主义的观点应用到了对英国和德国的研究当中。

铁路企业也是一种催化剂。铁路运输可以迅速有效地在全国范围内运输原材料和成品,从而促进其他工业的发展。反过来,借助铁路,企业能够进入更大规模的市场,从而可以大规模地发展生产,享受更高的效率。

> 企业结构如果与政策不一致,就会导致效率低下。
> ——艾尔弗雷德·钱德勒

盈利能力

在市场经济当中,利润是一种诱因,吸引着个体参与到某种商业当中。支付完所有的雇员、供应商以及出资方的资金成本之后,企业主管理企业,获得其剩余价值作为回报。他们所获得的剩余价值也应该足够支付企业主时间的"机会成本"。

"机会成本"指的是企业主在不参与现有业务的情况下有可能获得的经济利益。其他投资或活动所带来的收益给企业主所能接受的利润量设定了一个下限。如果获得的利润量低于这个下限,企业主就会缺乏继续从事这项业务的动力。这被称为"经济"利润,与更为简单的"会计"利润相对。

在自由市场当中,随着消费者对某种产品的需求增加,产品的价格也会上涨,进而带来利润的增加。更高的经济利润会将各种资源,如企业主、劳动力和资本,从那些只有零经济利润(或曰"正常"利润)的活动上吸引过来。因此,可以把利润和价格看做是消费者传递给生产者和资源拥有者的"信号",显示其增长的需求。

当然,某些行业的企业能够获得比其他行业的企业更高的利润,这在某种程度上来说取决于竞争的激烈水平。即使是在行业内部,某些企业的表现也比其他企业要好。为什么有的企业比别的企业效益更好?人们对此提出了不少解释。一种解释认为利润是对企业承担风险的回报。如果是这样,就可以认为潜在的利润跟企业承担的风险有关。风险越高,潜在的利润也越高。第二种则认为利润跟市场结构有关。在那些一家企业独大或几家企业鼎立的行业当中,其平均利润率往往很高。其原因可以是反竞争性的企业策略或是企业使用了更高水平的生产或管理技术。最后一种解释是,可以认为利润是对企业过往研究工作和发展投资的回报。这些研究和投资带来了能产生利润的新产品或者使成本最小化的新方法。

某个企业享受的高利润是否是因为它应用了反竞争行为的手段,或者使用了更高水平的生产或管理技术?这是一个很重要的问题。有种观点认为,滥用市场支配力带来了高利润。随着一个行业的集中程度越来越高(行业中少数几家企业生产的产品占了行业总产出的绝大部分),领军企业会发现,各家企业联合起来设立行业壁垒更易取得超额利润。也就是说,这些企业可以利用自己的市场支配力确定更高的产品售价,进而获得超额利润。其结论就是应通过政府法规监督大型企业的市场支配力。

还有一个观点认为大型企业比小型的同类企业更为高效(这是规模经济的结果),因而利润更高。因此,没有必要由政府来规范企业行为,更不用说市场总是能够自发规范异常现象——鉴于企业组织上的困难以及欺诈的危险,企业联合行为不一定稳定。同样,非政府出资建立的垄断企业,其存在只是暂时性的。它们无法遏制新产品和服务的出现。而且,如果利润够高,总会有大型的潜在对手考虑进入市场。

管理学家

苏曼特拉·戈沙尔

苏曼特拉·戈沙尔：1948年出生于印度加尔各答，2004年卒于英国伦敦。

重要贡献：国际商业研究领域当中，企业策略、企业组织以及管理问题方面的重要思想家之一。

苏曼特拉·戈沙尔（Sumantra Ghoshal）研究的是跨国公司的历史，发展了"跨国公司"的概念。在他的后期著作中，有一篇对管理理论的评论，其中提到管理人员只是受到经济标准的驱动，而忽视了更广泛的社会维度。

苏曼特拉·戈沙尔的职业生涯始于印度石油公司。1981年，他搬到美国，就读于麻省理工学院和哈佛大学，并获得了两个博士学位。1985年，他加入了巴黎的欧洲工商管理学院，又在1994年去了伦敦商学院。他对管理学的主要贡献在于他对全球范围内企业组织的研究。这些思想都体现在他的著作《跨越边界的管理》（1989）一书当中。

戈沙尔提出跨国公司在历史发展过程中有3个阶段，并将每个阶段都放在中央管理结构或者分散管理结构的前提下进行讨论。第一阶段是"欧洲松散联合会阶段"，产生于第一次世界大战之前，可以以联合利华、壳牌以及ICI集团这样的企业为例。这些公司的所有国外子公司都享有很高的自主权，主要服务于当地市场。第二个是战后阶段——"美国整体联盟阶段"，以福特汽车公司、可口可乐、IBM以及宝洁公司为代表。虽然这些企业

理论家

的子公司在生产和销售上拥有一定程度的自主权,但是其母公司在推广新产品和技术时会对其施加极大的影响。根据戈沙尔的理论,第三阶段是"日本集中总部式阶段",出现于20世纪七八十年代,以本田汽车公司和三菱公司这样的公司为代表。这一类企业基本上是以其在日本国内总公司的生产和技术为中心,而子公司则被作为简单的销售点。这种策略非常有利:通过将生产集中在日本,企业可以受益于大规模生产。

戈沙尔注意到,这三个阶段的差异跟行业的本质及潜在的竞争强度关系非常密切。当国内市场地位重要时,某些行业的企业倾向于采用松散式结构,如食品、服装和家具行业。如果行业有着技术变革的特点,企业就会采用美国式组织模式。而如果行业需要规模经济的优势,而不必依存于国内市场的需求,那么第三种形式的企业结构就会成为主流。

跨国企业在20世纪80年代后期以及90年代的发展见证的企业结构实际上是资源、技能以及能力的网络整合。企业组织中心并不存在,相反,企业的每个独立单位都会提出新想法和策略,以供其他单位采用。各单位都重视自身相对优势以及这些优势带来的特长,并为整个组织提供服务,从而享受到规模经济的好处。而企业组织中心的角色则只是通过建立明确的目标以及发展所必需的管理文化来对各单位进行整合管理。

> 成功的公司受到其内部目标的驱动。驱动它们的不是股价,而是目标和价值观。
>
> ——苏曼特拉·戈沙尔

企业经营理论家

迈克尔·哈默

迈克尔·哈默:1948年出生于美国马里兰州安纳波利斯。

重要贡献:世界一流的商业思想家,致力于企业流程再造工作。

迈克尔·哈默(Michael Hammer)曾当过工程师,因此毫不意外,他关注的是企业的经营改革。他的主要学术著作都跟企业流程再造(BPR)领域有关,这些著作影响了全世界的管理者,并改变了全世界的公司战略。1996年,《时代》杂志将哈默列为"美国25位最具影响力的人"之一。

迈克尔·哈默与詹姆斯·钱皮(James Champy)在其合著的《企业再造》(1993)一书当中提出了BPR这一概念。BPR主要用于企业经营或曰"流程"的分析。从根本上来说,其研究内容包括如何定义并规划任务、谁是任务的执行人、任务的执行顺序应当如何、任务的同时性以及如何使用信息流来支持这些任务。

哈默之所以提出BPR,是因为在很多情况下,企业工作流程设计的基础都是一些过时的技术、资源以及企业目标。举例来说,根据哈默的观点,IT技术遭到了大多数管理人员的误用。他们透过自身所负责的任务这层"有色眼镜"来观察这种技术,结果导致现有任务的计算机化只是模仿了以纸面工作为基础的工作系统,而没有被用来促进新工作方式的产生。

再造迫使管理者去考虑对企业的绝大部分事务进行

理论家

大刀阔斧的改造。这种对企业内部的改造降低了成本，提高了产出。哈默认为这些变化的主要动力应当是一个设计周全、执行到位的 IT 系统。

针对企业改造，哈默和钱皮提出了许多可供考虑的原则。其中最重要的就是企业不应该依据不同分工（如生产、销售和财务）进行改造，而应当围绕结果改造自身。改造的重点应在于从输入改造到最终产品分配这一整个流程。这样整个业务可以被设计成各种不同的流程。同样，一项工作也不会从一个职能团队转移到另一个团队身上，而是会经过再造，以便一个团队可以从第一个流程追踪到最后一个流程。

其他的原则包括对所有流程进行彻底审核，对那些需要首先改造的流程进行优化。另外，哈默建议，工作流程可以在早期就进行整合，而不必像常规那样在结束时再整合。再者，要使用准确的信息流来配合流程的进行，这一点也很重要。

到 20 世纪 90 年代后期，BPR 引起了一些批评。评论家认为，这种方法本质上认为企业的问题起源于其工作流程当中的薄弱组织。因而导致其企业策略建议企业"重新来过"，并忽略当前企业组织当中所有的积极方面。换句话说，就是忽略企业现状。最终，有的人认为这是一种犬儒主义的企业策略，简单地通过缩小企业规模来达到降低劳动力成本的目的。

> 我们应该推翻过时的流程，重新开始，而不是用计算机或者软件来继续执行这些流程。
> ——迈克尔·哈默

预言家

查尔斯·汉迪

查尔斯·汉迪:1932年出生于爱尔兰基尔代尔郡。
重要贡献:重要的管理思想家,影响深远。伦敦商学院创立者之一。

作为一名思想家、顾问和学者,查尔斯·汉迪(Charles Handy)对管理以及组织行为理论贡献良多。他是伦敦商学院最早的教授之一,预言了商业领域许多基础变革和新趋势。人们多称他为预言家,而不是分析家。

汉迪从牛津大学一毕业就加入了荷兰皇家壳牌石油公司。10年之后,面对利比里亚的一个职位,他决定离开壳牌。之后,他又在伦敦工作了一年,并在麻省理工学院学习了一年。1967年,他加入了新成立的伦敦商学院,担任工商管理学教授。

在著作当中,汉迪对于管理的看法并不因循守旧。他认为人们对现代管理角色的阐述没有一种是正确的。他的第一项贡献便是他的著作《管理的众神》(1978),有人认为这也是他最重要的贡献。在书中,他描述并分析了商业中不同的企业组织文化,并以不同的古希腊神灵来比喻这些文化。

第一种是"权力"文化,以众神之首宙斯为代表。在宙斯型企业当中,所有的权威和权力都有一个唯一来源,并呈轮辐状向外传递。这种文化在小型企业组织和政治组织身上较为典型。

上图:"宙斯"型组织由唯一的权威人员控制。"阿波罗"型企业依赖于行政性的、职责明确的权力划分。"雅典娜"型企业通过大量灵活互动的小团队得以运行。"狄俄尼索斯"型组织则通过独立团队支持某个单一领导人。

第二种是"角色"文化,以宙斯的儿子阿波罗为代表。阿波罗是秩序与理性的化身。汉迪认为这种文化能够带来组织有序的组织机构,各个职位分工明确,监管到位。这种组织的决策具有可预见性和一致性,其文化难以改变。大型企业和政府部门是阿波罗型文化的典型代表。

第三种是"任务"文化,以智慧女神雅典娜为代表。在这种组织当中,小团队相互合作解决问题,个人和团队被赋予更大的自主权以完成目标。整个组织由富有天赋的人才组成,这些人头脑灵活且适应环境。咨询公司可以被看做是任务型文化的典范。

最后一种是"人员"文化,以文明的传播者狄俄尼索斯为代表。在汉迪的分析当中,这种组织的建立以某个特定的个人为基础,组织的存在能够促进此人实现个人目标。因此,这种组织很难挑战并改变其自身角色。大学或者律师行是这种类型的代表。

根据汉迪的理论,没有任何一种文化更为先进——所有的文化都可以完成目标,都是企业过去所面对的挑战的结果。有一点对于企业管理来说非常重要,也非常基本,那就是企业要采用新策略或者面对新选择时,要知道自己从属于哪一种文化。

现代管理学家

汤姆·彼得斯

汤姆·彼得斯：1942年出生于美国马里兰州巴尔的摩。
重要贡献：世界顶尖的管理思想家之一。

早在五角大楼和白宫工作期间，汤姆·彼得斯（Tom Peters）就开始了自己的管理生涯。1974年，他进入了麦肯锡咨询公司。1981年，为了完成自己与罗伯特·沃特曼（Robert Waterman）的合著《追求卓越》（1982），他离开了麦肯锡。他也因此成为一名独立顾问。《追求卓越》一书获得了极大成功，奠定了彼得斯在现代管理学领域的大师地位。

20世纪80年代早期，管理思想是日本传统观念的天下，但这些观念似乎并不适用于美国和欧洲的商业现实。彼得斯和同事沃特曼分析了43家成功的美国公司，看它们的成功是否有共同特征，以及这些特征是否能够被其他公司学习。其分析结果被写入后来的畅销书《追求卓越》（1982年）当中，对商业领域产生了深远的影响。经过分析，他们认为美国的管理在投资新思想和技术方面是失败的，决策权未经分享或下放，而且商学院没有教授学生正确的技能。

《追求卓越》列举了卓越公司所具备的八种因素或曰"主题"。第一个是行动。管理人员必须能主动寻找新观点，做出相关决策，然后"采取行动"，而不是迟迟不

理论家

迈出行动的第一步。第二点是从消费者身上学习。第三点是鼓励创办企业的精神和创新精神，支持并培养"冠军"的产生。第四点是将劳动力当成是更大的生产能力来源和重要资产。第五点是在公司的日常经营中，通过亲身实践增加管理参与深度。这一点能够保证管理不会过分偏离其公司现实。第六点是"不离本行"，换句话说就是做自己最了解的事，保持核心能力。彼得斯认为管理不应被市场中的冒险行为所吸引，而偏离其专长。第七点是保持企业组织简单、高效。最后一点为"宽严相济"，即管理应当赋予职工一定的自由度。彼得斯相信在工作场所，代表人员很重要，能够避免管理人员在工作实践的细节上陷入困境。

《追求卓越》对美国和欧洲的企业管理以及企业管理教育有着巨大的影响。自出版以来，彼得斯曾对其观点稍加修正，以适应新的现实。现在，他认为企业仅仅"卓越"是不够的。相反，企业必须从众多同行当中脱颖而出，根据新的商业变量进行适应、创新和改变。不过，书中所探讨的大部分内容以及它所强调的围绕核心价值的领导能力仍然与当今的企业相关。因此，它在商业界仍然非常受欢迎。

> 几乎所有的质量改进都是通过简化产品的设计、生产……布局、流程以及程序获得的。
> ——汤姆·彼得斯

企业行为理论家

詹姆斯·G.马奇

詹姆斯·G.马奇：1928年出生于美国俄亥俄州克利夫兰。

重要贡献：企业行为理论家，在发展决策组织理论的过程中，将心理学和社会学联系到了一起。

詹姆斯·G.马奇（James G. March）与同事理查德·西尔特（Richard Cyert）和赫伯特·西蒙（Herbert Simon）合作研究企业行为理论。该理论的研究焦点在于理解企业的决策行为，从而给未来的管理、组织变革以及交易成本经济学的理论研究提供坚实的科研基础。

在卡耐基理工学院担任教授期间，马奇形成了自己的观点，并以《企业行为理论》（1963）一书的形式得以出版。企业行为理论根据企业的组织和决策过程对企业进行定义。企业的边界定义非常宽泛，包括对组织活动有影响的任何个人或组织，如管理者、股东、雇员、用户、原料供应商以及类似工会的其他各方等。管理作为其中的一个方面可以被进一步划分为市场推广、生产、财务和人力资源等职能，各细分职能分别强调并表达自身优先考虑的事物和目标。

企业行为理论以对企业组织内的现实行为观察为基础，认为所有的决策行为都发生在不确定的环境当中，或者是像赫伯特·西蒙在1959年提出的那样，是发生在

理论家

"有限理性"的环境当中。马奇认为,所有的决策都受到参与个体和团队的信念、观念和雄心的影响,而且其信念的差异可能会导致冲突。这些冲突通过议价过程(或者补偿性支付)得到解决,企业目标则产生于这个过程之中。企业组织本身并没有目标,目标是组织内部议价活动的产物。不同方面的雄心和信念会随着时间的改变而改变,因此企业目标一直都是改变的对象。如果企业的表现总是高于或者低于其管理者的雄心,这些表现标准或许会被修正,从而产生新的目标。因此,企业目标依赖于其过往表现。

企业目标无法像利润最大化那样被简化成一个公式。在一个错综复杂、信息缺乏以及不确定的环境当中,要确定利润最大化所需的一系列准确行动是不可能的。作为一种替代手段,通过遵循经验主义的决策传统,这一过去经验的产物,企业管理者也许可以满足于满意利润。

这种方法在20世纪60年代对商业和商业教育产生了极大影响,将管理从过时的经济学假定当中解放了出来。不过,鉴于各个企业的组织结构都是不同的,这种方法的缺点在于排除了完美行为理论的存在。企业行为理论以对现实行为的观察为基础,善于阐释,弱于预示。在企业如何进行长远的发展壮大方面,它只是进行了泛泛归纳。

> (马奇)追求的基本论点就是人类行为既不是最佳的(或者理性的),也不是随意的,而是可以理解的。
> ——奥吉尔等,《行业与公司变革》